ここから始める！

柴﨑直孝の「判断推理」合格圏

柴﨑 直孝 著

エクシア出版

「鉄は熱いうちに叩け。覚えた解法はすぐに類題を解いて定着させよ。」

これが本書のコンセプト、テーマになります。

申し遅れました。わたくし公務員試験の数的処理を教えています【柴﨑直孝】と申します。20年近く講師をさせてもらっています。

20年もやっていると、多くの合格者を送り出す一方で、数的処理が苦手な受験生と接する機会もあります。苦手な原因は計算が苦手、論理的に考えるのが苦手など受験生によってまちまちですが、

「問題集の使い方が下手」

この原因だけは全員に共通してありました。

公務員試験は過去に出題された問題と同じようなものが出題されるので、過去問を繰り返し解いて知識を覚えてしまうのが最も効果的な対策方法です。しかし、問題集の使い方が下手な受験生は、問題集を繰り返し解いても知識が定着できない印象にあります。なぜか？

まず、数的処理の問題は「パターン問題（何度も出題されている有名問題）」と「非パターン問題（見たこともないような問題）」に大別できます。コストパフォーマンスの観点からも、当然、「パターン問題」から対策していくことになります。パターン問題を覚えるには、覚えた知識を繰り返し解いて定着させるしかありません。皆さんも子供の頃に漢字や英単語を覚えるために繰り返し書き取りをしたことがあると思います。また、スポーツでも野球の素振りやバスケットボールのシュート練習など反復して技術を身につけます。数的処理でも同じように例題を解いた後に類題を反復して解くことで解法パターンを身につけます。しかし、問題集の使い方が下手な受験生は例題のあとに類題を解きません。漢字の書き取りで例えるなら、本来なら1つの漢字を10回繰り返して書いて覚えるところを、10個の漢字を1回ずつ書いてしまう感じです。当然それでは覚えられません。類題を集中して解かないで、漫

然と問題集を解いてしまっているので知識が定着できない、これが「下手な問題集の使い方」です。

　これは市販の問題集にも原因があります。多くの問題集は色んなパターン（非パターン問題も含む）を網羅しているため、そもそも類題を載せていません。載せていても紹介していないので自分で探すしかありません。網羅性があるのは利点にもなりますが、煩雑すぎて解法パターンを集中して解けない欠点にもなります。数的処理が得意な受験生であればこのような問題集でもお構いなしに知識を習得し、自分で類題を探せるのですが、苦手な人はそうはいきません。

　問題集の構造に改革を起こしたい！ 苦手な受験生でも成長が実感できる問題集を作りたい！ とずっと思っていました。そこで本書では、1つのセクションに「合格するために必要な重要パターン問題」と「その類題」をセットにして掲載しました。みなさんは順番に解いていくだけで「パターン習得→定着」ができるように設計しました。これが本書の最大の特徴で、他の問題集にはありそうでなかった本書の強みです。本書を解いていくことで、「この知識、以前解いた問題で出てきた！ 覚えている！」、「自分の力で問題を解けた！」という達成感が得られます。1つの達成感がモチベーションを生み、徐々に数的処理が好きになり自信がついてさらに問題が解けるようになります。本書が皆さんにとって数的処理のはじめの一歩として役立つことを確信しております。

　最後に、このような機会を与えてくださったエクシア出版の畑中先生に感謝を申し上げます。また、編集の小山さんにはチェック、修正だけでなく本書がより良くなるためのアドバイスを多数いただきました。本当に有難うございます。この場を借りて御礼申し上げます。

令和6年　3月吉日
柴﨑　直孝

目次

章ごとの「ポイント講義」動画は、各章の扉に掲載されている
QRコードからアクセスしてください。

How to Use & Study

学び方解説動画は こちら

重要度

★5つまでの5段階。出題頻度だけでなく、他セクションへの前提知識や応用など、汎用性の高いものは高い重要度になっています。★3つ以上は最低限学習しましょう。

このセクションの Goal

このセクションで一番習得してほしいものを挙げています。やみくもに問題を解くのではなく目的意識を持つためにも必ず意識しましょう。

基礎知識

問題を解くための基礎知識を載せています。ただ丸暗記するのではなく、解説を参考にしながら使いどころを学習しましょう。

例題

有名なパターン問題を集めました。類題と合わせて繰り返し解いて解き方を焼き付けてください。

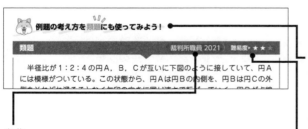

類題

例題を解いたらすぐに取り掛かりましょう。「この解き方、例題でやった！」と思えたら合格です。

出典

本書の問題は良問ファーストで厳選しています。警察官、高卒程度なども掲載していますが、大卒程度の行政系でも出題される良問ですので気にせず解いてください。逆に警察官志望の受験生は臆せず行政系の問題にチャレンジしてください。なお、警視庁：警視庁警察官Ⅰ類、東京消防庁：東京消防庁消防官（特に記載がないものはⅠ類）です。

難易度

★3つまでの3段階。★★★（3つ）は後回しにしてもらって構いません。★を完璧にこなし、★★を6割解けるようになれば十分です。

第1章

対応関係

ポイント講義は
こちら

2項目の対応関係

重要度
★ ★ ★ ★ ★

この章では判断推理の花形ともいえる対応関係を見ていきます。それと同時に「判断推理の考え方」も紹介します。判断推理は「対応関係」、「位置関係」など問題の種類ごとにカテゴライズされていますが、そのほとんどがカテゴリーごとの解法以前に「判断推理の考え方」＝「推理」「仮定」「可視化」が土台になっています。この後の章、セクションでも多用することになりますのでしっかり学習しましょう。

このセクションのGoal

・条件を推理して文面だけでは得られない情報を発見することができるようになる。
・解答に行き詰まったら仮定、場合分けをして試行錯誤できるようになる。
・条件を可視化して解けるようになる。

例題1

国家専門職 2014　　難易度▶ ★ ★ ★

A～Eの5人は、それぞれ異なる種類の犬を1匹ずつ飼っている。犬の種類はチワワ、プードル、ダックスフント、ポメラニアン、柴犬である。ある日5人は自分の犬を連れて散歩に行った。この5人に関して次のことが分かっているとき、確実にいえるのはどれか。なお、以下の登場人物には、A～E以外の者は含まれていない。

○　Aは、ダックスフントを連れた人とポメラニアンを連れた人に会ったが、Cには会わなかった。
○　Bは、柴犬を連れた人に会ったが、Aには会わなかった。
○　Cは、チワワを連れた人に会った。
○　Eは、チワワを連れた人に会ったが、Dには会わなかった。

1.　Aは、チワワを飼っている。
2.　Bは、プードルを連れた人に会った。
3.　Cは、柴犬を飼っている。
4.　Dは、ポメラニアンを連れた人に会った。
5.　Eは、プードルを飼っている。

各条件を①〜④として、推理します。

① 「Aは、ダックスフントを連れた人とポメラニアン
　を連れた人に会ったが、Cには会わなかった」

「それぞれ異なる種類の犬を1匹ずつ飼っている」
より、Aはダックスフントとポメラニアンを飼ってい
ません。また、AはCには会っていないので、Cもダッ
クスフントとポメラニアンを飼っていません。

◆推理の威力
このように、条件を
より掘り下げて新た
な発見をするのが「推
理」です。

② 「Bは、柴犬を連れた人に会ったが、Aには会わなかった」

B、Aは柴犬を飼っていません。また①より、Aはダックスフント、ポメラ
ニアンの飼い主と会っていますが、②よりBと会っていないので、Bはダック
スフントとポメラニアンを飼っていないことがわかります。

③ 「Cは、チワワを連れた人に会った」

Cはチワワを飼っていません。また①より、AとCは会っていないので、A
もチワワを飼っていないことがわかります。

④ 「Eは、チワワを連れた人に会ったが、Dには会わなかった」

E、Dはチワワを飼っていません。
ここまでを表に整理します。

	チワワ	プー	ダック	ポメ	柴
A	×		×	×	×
B			×	×	×
C	×		×	×	
D	×				
E	×				

表より、Aはプードル以外が「×」
ですから、プードルしかあり得ません。
また、チワワについてはB以外が「×」
ですから、Bしかあり得ません。

◆可視化の威力
このように、表にすることで推理の手
助けになるのが図表の良いところで
す。問題文とにらめっこするだけでは
なく、色々な図表に整理する習慣を身
につけよう！　本書では効率が良くて
わかりやすい図表を多数紹介します！

	チワワ	プー	ダック	ポメ	柴
A	×	○	×	×	×
B	○	×	×	×	×
C	×	×	×	×	
D	×	×			
E	×	×			

「1匹ずつ飼っている」より、○が入った行や列の、他の欄は×になります。

すると表より、Cは柴犬しかあり得ないことがわかります。

	チワワ	プー	ダック	ポメ	柴
A	×	○	×	×	×
B	○	×	×	×	×
C	×	×	×	×	○
D	×	×			×
E	×	×			×

重要

D，Eの飼っている犬種については、これ以上確定させることはできませんが、肢3「Cは、柴犬を飼っている」は確実にいうことができます。

◆判断推理あるある
今回のように全てが確定しなくても、正解がわかる場合は結構あります。小まめに選択肢をチェックしよう！

正解3

例題の考え方を類題にも使ってみよう！

　男性２人、女性３人のＡ～Ｅの５人の学生が、Ｗ～Ｚの４社がそれぞれ行う採用説明会のいくつかに参加した。５人の学生の参加状況について、各社の採用担当者及び学生が次のように述べているとき、確実にいえるのはどれか。

Ｗ社：「弊社の説明会に参加したのは２人だった。それらの学生は２人とも男性だった。」

Ｘ社：「弊社の説明会に参加したのはＡ，Ｂ，Ｅだった。」

Ｙ社：「弊社の説明会に参加した男性は１人だった。」

Ｚ社：「弊社の説明会に参加しなかったのは１人だった。その学生は男性だった。」

Ａ：「Ｗ社の説明会には参加しなかった。」

Ｂ：「４社全ての説明会に参加した。」

Ｃ：「Ｙ社の説明会には参加した。」

Ｄ：「１社の説明会にのみ参加した。」

Ｅ：「３社の説明会に参加した。」

1．Ｘ社の説明会には男性が２人参加した。
2．Ｙ社の説明会に参加したのは３人だった。
3．Ｃは１社の説明会にのみ参加した。
4．ＤはＺ社の説明会に参加した。
5．Ｅは女性だった。

　条件よりわかることを次のような表に整理します。なお、Ｗ社には２人の男性が参加しているので、参加したＢは男性、参加しなかったＡは女性とわかります。

　Ｚ社の発言より、参加した男性は１人、女性は３人全員ですから、女性のＡはＺ社の説明会に参加しています。

　また、Ｙ社の発言より、男性が１人参加していますが、それはＢのことなので、もう１人の参加者Ｃは女性とわかります。したがってＣは男性しか参加しなかったＷ社には参加しておらず、女性全員が参加したＺ社には参加したことがわかります。

	W社	X社	Y社	Z社	計
A女性	×	○		○	
B男性	○	○	○	○	4
C女性	×	×	○	○	2
D		×			1
E		○			3
計 （男，女）	2 (2, 0)	3	(1, ？)	4 (1, 3)	

　ここで、D，Eの性別を検討します。一方が男性で一方が女性ですが、ここでEが男性と仮定します。すると、既に男性が1名（B）参加しているY，Z社には男性（仮）のEは参加していないことになります。しかし、Eは3社に参加しているので不適となります。

【Eが男性と仮定 ⇒ 間違い】

	W社	X社	Y社	Z社	計
A女性	×	○		○	
B男性	○	○	○	○	4
C女性	×	×	○	○	2
D		×			1
E男（仮）		○	×	×	3
計 （男，女）	2 (2, 0)	3	(1, ？)	4 (1, 3)	

Eは3社に参加した条件を満たすことができない

　したがって、仮定は間違っており、Eは男性ではなく女性だとわかります（Dが男性となります）。
　女性のEはW社には参加していないので、X，Y，Z社の3

◆仮定
①推理に行き詰まる
②「〇〇が正しいとしたら」と仮定する
③推理する
④矛盾が生じる
⑤仮定は間違っていた
仮定は判断推理の中で最重要の検討方法です。

社に参加したことになります。また、男性のDはW社に参加したことがわかります。

	W社	X社	Y社	Z社	計
A女性	×	○		○	
B男性	○	○	○	○	4
C女性	×	×	○	○	2
D男性	○	×	×	×	1
E女性	×	○	○	○	3
計 （男，女）	2 (2, 0)	3 (1, 2)	1 (1, ?)	4 (1, 3)	

AがY社に参加したかどうかは確定することができませんが、肢5「Eは女性だった」は確実にいえます。

（正解 5）

A〜Eの学生5人における政治学、経済学、行政学、社会学、法律学の5科目の履修状況について次のことが分かっているとき、確実にいえるのはどれか。

○ 5人が履修している科目数はそれぞれ3科目以内である。
○ 政治学を履修している者は2人いる。
○ 経済学を履修している者は2人おり、そのうちの1人はAである。
○ 行政学を履修している者は3人おり、そのうちの1人はAである。
○ 社会学を履修している者は3人おり、そのうちの2人はAとDである。
○ 法律学を履修している者は4人いる。
○ AとEが2人とも履修している科目はない。
○ Cは政治学も社会学も履修していない。

1. Bは政治学を履修していない。
2. Bは行政学を履修していない。
3. Cは経済学を履修していない。
4. Dは経済学を履修していない。
5. Dは行政学を履修していない。

条件を対応表に整理します。

なお、条件より履修している科目数は3科目以内ですから、Aは経済学、行政学、社会学の3科目で確定します。また、条件「AとEが2人とも履修している科目はない」より、Aが履修している3科目をEは履修していません。

	政治	経済	行政	社会	法律	計
A	×	○	○	○	×	3
B						
C	×			×		
D				○		
E		×	×	×		
計	2	2	3	3	4	14

さらに表より、3人が履修している社会学はC，Eが履修していないのでB
が履修していることになります。また、4人が履修している法律学はAが履修
していないので、B〜Eの4人が履修していることがわかります。

	政治	経済	行政	社会	法律	計
A	×	○	○	○	×	3
B				○	○	
C	×			×	○	
D				○	○	
E		×	×	×	○	
計	2	2	3	3	4	14

　ここで、数量条件に着目します。各科目の履修人数より、この対応表には延
べ2＋2＋3＋3＋4＝14（個）の○が入ります。5人の履修科目数は3科
目以内であることを踏まえると、14個の○は（3，3，3，3，2）と振り分け
られます。Eに注目すると既に×が3つありますから○は2つしか入りません。
したがって、Eが2科目を履修し、E以外の4人が3科目履修したことにな
ります。
　すると表より、Cは経済学と行政学を、Eは政治学を履修したことがわかり
ます。

	政治	経済	行政	社会	法律	計
A	×	○	○	○	×	3
B		×		○	○	3
C	×	○	○	×	○	3
D		×		○	○	3
E	○	×	×	×	○	2
計	2	2	3	3	4	14

　これ以上は確定できませんが、肢4「Dは経済学を履修していない」は確実
にいえます。

正解 4

15

　ある会社では、月曜日から土曜日までの6日間、A～Fの6人の社員が、毎日2人ずつ交代で夜間勤務を行っている。この夜間勤務は、勤続5年以上の人と5年未満の人の組み合わせで行われ、Eは勤続5年以上である。ある週の月曜日から土曜日までの勤務状況について、次のア～オのことがわかっているとき、確実にいえることとして、最も妥当なのはどれか。

ア　6人とも2回ずつ夜間勤務を行った。
イ　Aは火曜日、Cは木曜日、Eは金曜日に夜間勤務を行った。
ウ　Aが夜間勤務を行った前の日は、必ずBが夜間勤務を行った。
エ　AはEと1回夜間勤務を行い、FはB，Cと1回ずつ夜間勤務を行った。
オ　この1週間の間に、1人の社員が2日連続して夜間勤務に就くことはなかった。

1．Bは金曜日に夜間勤務を行った。
2．CとDで夜間勤務を行ったことがある。
3．Dは勤続5年未満である。
4．Fは勤続5年以上である。
5．Fは木曜日に夜間勤務を行った。

STEP1　**まずは準備　5年以上、5年未満の人数を調べよう**

　各日とも5年以上の人と5年未満の人が1人ずつ働くので、各グループとも延べ6人ずつが夜勤に就きます。条件ア「6人とも2回ずつ夜間勤務を行った」より、各グループとも6÷2＝3（人）いることがわかります。なお、条件エ「AはEと1回夜間勤務を行い」より、勤続5年以上のEと一緒に夜勤に就いているAは勤続5年未満とわかります。

STEP2　**条件を表に整理しよう**

　条件からわかることを対応表に整理します。条件イ「Aは火曜日、Cは木曜日、Eは金曜日に夜間勤務を行った」とありますが、条件オ「2日連続して夜間勤務に就くことはなかった」より、この前後の曜日は夜勤に就いていません。
　また、条件ウより、BはAが夜勤に就いた前日の月曜日に就いています。また、Bは土曜日には就かないこともわかります（Aが日曜日になってしまうから）。

勤続5年		月	火	水	木	金	土
未満	A	×	○	×			
	B	○	×				×
	C			×	○	×	
	D						
以上	E				×	○	×
	F						

　次に条件エ「FはB，Cと1回ずつ夜間勤務を行った」を推理します。この問題は5年以上、5年未満の2つのグループから1人ずつ夜勤に就きます。つまり、B，CはFと異なるグループですから、2人は同じグループであり、一緒に夜勤に就くことはありません。つまり、BはCが夜勤に就いた木曜日には就いていません（CについてもBが就いた月曜日は就いていません）。すると条件ウより、Aは金曜日に就いていないことがわかります（A＝金曜だとするとB＝木曜になってしまうから）。

勤続5年		月	火	水	木	金	土
未満	A	×	○	×		×	
	B	○	×		×		×
	C	×		×	○	×	
	D						
以上	E				×	○	×
	F						

　ここで条件エ「AはEと1回夜間勤務を行い」を満たせるのは、表より火曜日しかないことがわかります。すると、Cは火曜日に夜勤には就かないので表より土曜日しかないことがわかります。

勤続5年		月	火	水	木	金	土
未満	A	×	○	×		×	
	B	○	×		×		×
	C	×	×	×	○	×	○
	D		×				
以上	E	×	○	×	×	○	×
	F		×				

STEP3 **勤続年数のグループを確定させよう**

　上の表より、Aのもう1回は木曜日か土曜日のいずれかですが、いずれの場合もCと一緒です。つまり、CはAとは異なるグループですので5年以上になります。するとCと同じグループのBも5年以上、B、Cと異なるグループ（条件エより）のFは5年未満となります（残ったDは5年未満です）。

　続いて一緒に働くペアも確定させます。条件より、（E，A）、（B，F）、（C，F）は確定しています。また、先ほど解説した通り（C，A）も確定しています。残ったDは（B，D）、（E，D）でペアを組むしかありません。

5年以上	5年未満	【夜勤の組合せ】
B，C，E	A，D，F	（E，A），（B，F），（C，F） （C，A），（B，D），（E，D）

STEP4 **表を最後まで埋めよう**

　表より、（E，D）を満たせるのは金曜日しかありません。するとBは水曜日しかありません。

18

勤続5年		月	火	水	木	金	土
未満	A	×	○	×		×	
以上	B	○	×	○	×	×	×
以上	C	×	×	×	○	×	○
未満	D		×		×	○	×
以上	E	×	○	×	×	○	×
未満	F		×			×	

　Bが水曜日より、条件ウ「Aが夜間勤務を行った前の日は、必ずBが夜間勤務を行った」を満たすにはAを木曜日とするしかありません。すると（A，C）のペアは木曜日とわかるので、（C，F）のペアは土曜日となります。

勤続5年		月	火	水	木	金	土
未満	A	×	○	×	○	×	×
以上	B	○	×	○	×	×	×
以上	C	×	×	×	○	×	○
未満	D		×		×	○	×
以上	E	×	○	×	×	○	×
未満	F		×		×	×	○

　これ以上は確定できませんが、肢3「Dは勤続5年未満である」は確実にいえます。

正解3

3項目の対応関係①

重要度
★ ★ ★ ★ ★

3項目の対応関係は2項目のように1つの表だけ扱えればいいわけではありません。条件によっては従来の表では整理しづらい場合もありますし、さらに個人の好みによっても整理の仕方が変わってきます。自身に合った表を素早く作ることができるように日々の演習をすることが大事です。このセクションと次のセクションで代表的な3項目の対応表を紹介します。

このセクションのGoal

・3項目の対応関係を○×表で解けるようになる。

例題 2　　　　　　　　　　　　特別区Ⅰ類 2021　難易度▶ ★ ★ ★

A〜Dの4人は、ある週に2回、甘味屋でそれぞれ1つずつあんみつを注文した。あんみつには、アイス、白玉、あんずの3種類のトッピングがあり、あんみつ1つに対して複数の種類をトッピングすることも、何もトッピングしないこともできる。ただし、同じ種類のトッピングは、あんみつ1つに対して1人1個とする。次のア〜カのことがわかっているとき、確実にいえるのはどれか。

ア　2回の注文とも、アイスは1人、白玉は3人、あんずは2人がトッピングした。

イ　Aが白玉をトッピングしたのは、2回の注文のうち、いずれか1回だけだった。

ウ　Bがアイスをトッピングしたのは、2回目だけだった。

エ　2回の注文を合わせたトッピングの延べ個数は、Bが他の3人より多かった。

オ　Cは1回目に何もトッピングしなかった。

カ　1回目にあんずをトッピングした人は、2回目にアイスをトッピングしなかった。

1.　1人は2回の注文ともあんずをトッピングした。
2.　Aは2回目に何もトッピングしなかった。
3.　Bは1回目にあんずをトッピングした。
4.　あんみつ1つに対して3種類すべてをトッピングしたのは1人だけだった。
5.　Dは1回目にアイスをトッピングした。

条件オより、Cは1回目に白玉をトッピングしていないので、トッピングした3人はA，B，Dとなります。条件イよりAが白玉をトッピングしたのは1回目のみですから、2回目に白玉をトッピングしたのはB，C，Dとなります。

条件ウと合わせ、ここまでを次のような表に整理します。

	1回目			2回目		
	アイス	白玉	あんず	アイス	白玉	あんず
A		○		×	×	
B	×	○		○	○	
C	×	×	×	×	○	
D		○		×	○	
計	1人	3人	2人	1人	3人	2人

次に条件カ「1回目にあんずをトッピングした人は、2回目にアイスをトッピングしなかった」に注目します。仮にBが1回目にあんずをトッピングしたとすると2回目にアイスをトッピングしているので条件カに反します。つまり、Bは1回目にあんずをトッピングしなかったことがわかります。あんずをトッピングした2人は、A，Dになります。

	1回目			2回目		
	アイス	白玉	あんず	アイス	白玉	あんず
A		○	○	×	×	
B	×	○	×	○	○	
C	×	×	×	×	○	
D		○	○	×	○	
計	1人	3人	2人	1人	3人	2人

条件エ「2回の注文を合わせたトッピングの延べ個数は、Bが他の3人より多かった」を推理します。4人の2回の延べ個数は（1＋3＋2）×2＝12（個）です。これを4人で均等割りすると12÷4＝3（個）ずつとなります。しかし条件エが示す通りBは他の3人より多いので4個以上となります。表より、2回目のあんずに○が入り延べ4個となります。

	1回目			2回目		
	アイス	白玉	あんず	アイス	白玉	あんず
A		○	○	×	×	
B	×	○	×	○	○	○
C	×	×	×	×	○	
D		○	○	×	○	
計	1人	3人	2人	1人	3人	2人

　Bは4個で最多なので、表より既に3個のDはこれ以上○が入りません。それを踏まえ表を埋めます。

	1回目			2回目		
	アイス	白玉	あんず	アイス	白玉	あんず
A	○	○	○	×	×	
B	×	○	×	○	○	○
C	×	×	×	×	○	
D	×	○	○	×	○	×
計	1人	3人	2人	1人	3人	2人

同様にAも4個になることはないので2回目のあんずは×になります。

	1回目			2回目		
	アイス	白玉	あんず	アイス	白玉	あんず
A	○	○	○	×	×	×
B	×	○	×	○	○	○
C	×	×	×	×	○	○
D	×	○	○	×	○	×
計	1人	3人	2人	1人	3人	2人

表より、正解は肢２「Ａは２回目に何もトッピングしなかった」となります。

正解 2

例題の考え方を類題にも使ってみよう！

類題	国家一般職 2020　難易度▶ ★ ★ ☆

　ある会社は、総務部、企画部、営業部、調査部の四つの部から成り、Ａ〜Ｈの８人が、四つの部のいずれかに配属されている。Ａ〜Ｈの８人の配属について次のことが分かっているとき、確実にいえるのはどれか。

○　現在、総務部及び企画部にそれぞれ２人ずつ、営業部に３人、調査部に１人が配属されており、Ｃは総務部、Ｄ及びＥは企画部、Ｈは調査部にそれぞれ配属されている。
○　現在営業部に配属されている３人のうち、直近の人事異動で営業部に異動してきたのは、１人のみであった。
○　直近の人事異動の前には、各部にそれぞれ２人ずつが配属されており、Ａ及びＣは、同じ部に配属されていた。
○　直近の人事異動で異動したのは、Ａ，Ｃ，Ｆ，Ｈの４人のみであった。

1.　Ａは、現在、営業部に配属されている。
2.　Ｃは、直近の人事異動の前には、営業部に配属されていた。
3.　Ｆは、直近の人事異動の前には、総務部に配属されていた。
4.　Ｇは、現在、総務部に配属されている。
5.　Ｈは、直近の人事異動の前には、営業部に配属されていた。

　条件からわかることを次のような表に整理します。なお、４番目の条件より、異動したのはＡ，Ｃ，Ｆ，Ｈですので、異動しなかったのはＢ，Ｄ，Ｅ，Ｇになります。したがって、Ｄ，Ｅは人事異動前も企画部であったことがわかります。

　また、異動したＣ，Ｈが総務部、調査部にいるということは、異動前は違う部であることがわかります。

	異動前				異動後（現在）			
	総務	企画	営業	調査	総務	企画	営業	調査
A		×				×		×
B		×				×		×
C	×	×			○	×	×	×
D	×	○	×	×	×	○	×	×
E	×	○	×	×	×	○	×	×
F		×				×		×
G		×				×		×
H		×		×	×	×	×	○
	2	2	2	2	2	2	3	1

　異動後の営業部を考えます。2番目の条件「現在営業部に配属されている3人のうち、直近の人事異動で営業部に異動してきたのは、1人のみであった」より、異動の前後で変わらず営業部の人が2人いますが、上の表からその2人はB，Gしか考えられません（A，Fは異動しているから）。

	異動前				異動後（現在）			
	総務	企画	営業	調査	総務	企画	営業	調査
A		×	×			×		×
B	×	×	○	×	×	×	○	×
C	×	×	×		○	×	×	×
D	×	○	×	×	×	○	×	×
E	×	○	×	×	×	○	×	×
F		×	×			×		×
G	×	×	○	×	×	×	○	×
H		×	×	×	×	×	×	○
	2	2	2	2	2	2	3	1

　すると3番目の条件「A及びCは、同じ部に配属されていた」を満たせるの

は表から調査部しかないことがわかります。

　表より、異動前の総務部はＦ，Ｈに決まります。さらに表より異動するＦは営業部しかありません。これで異動後の営業部はB，Ｆ，Ｇの３人に確定したので、Ａは総務部に異動したことがわかります。

	異動前				異動後（現在）			
	総務	企画	営業	調査	総務	企画	営業	調査
A	×	×	×	○	○	×	×	×
B	×	×	○	×	×	×	○	×
C	×	×	×	○	○	×	×	×
D	×	○	×	×	×	○	×	×
E	×	○	×	×	×	○	×	×
F	○	×	×	×	×	×	○	×
G	×	×	○	×	×	×	○	×
H	○	×	×	×	×	×	×	○
	2	2	2	2	2	2	3	1

　表より、正解は肢３「Ｆは、直近の人事異動の前には、総務部に配属されていた」となります。

正解３

3項目の対応関係②

重要度
★★★★★

このセクションでは○×表以外の3項目の対応表を紹介します。そもそも対応表の形に正解はありません。問題に適した、自分が解きやすい対応表を作れるようになりましょう。

このセクションのGoal

・3項目の対応関係を○×表以外で解けるようになる。

例題3　　　　　　　　東京消防庁 2017　　難易度▶ ★ ☆ ☆

　同じ大学に所属するA〜Eの学生がいる。各自が所属する学部とアルバイトについて次のア〜キのことがわかっているとき、A〜Eの所属する学部とアルバイトを確定するために必要な条件として、最も妥当なのはどれか。

ア　学部は、文学部、外国語学部、経済学部、法学部、工学部のいずれかであり、A〜Eはそれぞれ異なる学部に所属している。

イ　A〜Eの5人のうち、2人はコンビニエンスストアで、1人は飲食店で、1人は家庭教師のアルバイトをしており、残り1人はアルバイトをしていない。

ウ　Aは外国語学部に所属しており、飲食店のアルバイトはしていない。

エ　Cは工学部には所属しておらず、コンビニエンスストアでアルバイトをしている。

オ　Eはアルバイトをしていない。

カ　法学部に所属している者は、家庭教師のアルバイトをしている。

キ　飲食店でアルバイトをしている者は、工学部には所属していない。

1. Aはコンビニエンスストアでアルバイトをしている。
2. Bは経済学部に所属している。
3. Cは文学部に所属している。
4. Dは工学部には所属していない。
5. Eは文学部には所属していない。

条件ウ、エ、オ、カを次のような表に整理します。

	①	②	③	④	⑤
人	A	C	E		
学部	外国語			法学部	
アルバイト		コンビニ	×	家庭教師	
備考	×飲食店	×工学部			

◆人すら書かない！
わかるところから詰
めて記入しましょう。

第1章
対応関係

　Aのアルバイトを検討します。Aは飲食店ではなく、また、表より家庭教師ではないのでコンビニエンスストアとするしかありません（条件イよりコンビニは2人いるので問題ありません）。⑤の人は自動的に飲食店とわかります。なお、条件キより、⑤の人は飲食店なので工学部ではないこともわかります。

	①	②	③	④	⑤
人	A	C	E		
学部	外国語			法学部	
アルバイト	コンビニ	コンビニ	×	家庭教師	飲食店
備考	×飲食店	×工学部			×工学部

表より、②，⑤の人は工学部ではないので③の人を工学部とします。

	①	②	③	④	⑤
人	A	C	E		
学部	外国語		工学部	法学部	
アルバイト	コンビニ	コンビニ	×	家庭教師	飲食店
備考	×飲食店	×工学部			×工学部

　ここで「A～Eの所属する学部とアルバイトを確定するために必要な条件」を検討します。
　肢2「Bは経済学部に所属している」を当てはめられるのは⑤しかありませ

27

ん。すると④はD、②の学部は文学部と確定します。

	①	②	③	④	⑤
人	A	C	E	D	B
学部	外国語	文学部	工学部	法学部	経済学部
アルバイト	コンビニ	コンビニ	×	家庭教師	飲食店

以上より、正解は肢2となります。
不正解の選択肢について、以下に言及しておきます。

1 × Aがコンビニでアルバイトしているのは既にわかっているので、これ以上検討できません。
3 × Cが文学部とわかっても、④, ⑤の人物が確定しません。
4 × Dは④, ⑤の可能性が考えられます。
5 × Eは工学部で確定していますので、これ以上検討できません。

正解 2

例題の考え方を類題にも使ってみよう！

　A，B，Cの3人が、三毛猫、トラ猫、黒猫、白猫、ぶち猫の5匹の猫を飼っている。次のことが分かっているとき、確実にいえるのはどれか。
　ただし、2人以上で同じ猫を飼わないものとする。

○　それぞれの猫の好物は、マグロ、チーズ、またたび、かつお節、海苔のいずれか一つであり、好物が同じ猫はいない。
○　Aは、三毛猫ともう1匹の猫を飼っており、三毛猫でない方の猫の好物はチーズである。
○　Bは、猫を1匹飼っている。
○　Cが飼っている猫の中には、海苔が好物の猫がいる。
○　トラ猫、黒猫、白猫の飼い主はそれぞれ異なる。
○　白猫の好物は、かつお節である。
○　トラ猫の好物は、チーズでも海苔でもない。

1. Bは、白猫を飼っている。
2. Cは、トラ猫とぶち猫の2匹の猫を飼っている。
3. Cは、海苔が好物のぶち猫を飼っている。
4. 三毛猫の好物は、マグロである。
5. 黒猫の好物は、チーズではない。

　条件からわかることを次のような表に整理します。ちなみに、「Aは、三毛猫ともう1匹の猫を飼っており」及び「Bは、猫を1匹飼っている」より、Cは2匹の猫を飼っていることになります。

	①	②	③	④	⑤
飼主	A	A	C		
猫	三毛猫			白猫	
好物		チーズ	海苔	かつお節	

　ここで、最後の条件「トラ猫の好物は、チーズでも海苔でもない」より、⑤をトラ猫にします。

	①	②	③	④	⑤
飼主	A	A	C		
猫	三毛猫			白猫	トラ猫
好物		チーズ	海苔	かつお節	

　すると「トラ猫、黒猫、白猫の飼い主はそれぞれ異なる」より、④白猫と⑤トラ猫の飼い主は異なります。また、Aは①，②の2匹を飼っており④，⑤は飼っていないですから、④，⑤はB，Cのいずれかが飼っていることになります。すると「トラ猫、黒猫、白猫の飼い主はそれぞれ異なる」の黒猫はAが飼っていることがわかり、それは②とわかります。

	①	②	③	④	⑤
飼主	A	A	C	B／C	C／B
猫	三毛猫	黒猫	ぶち猫	白猫	トラ猫
好物	マグ／また	チーズ	海苔	かつお節	また／マグ

　これ以上は確定しませんが、肢3「Cは、海苔が好物のぶち猫を飼っている」は確実にいえます。

正解 3

セクション 4 4項目の対応関係

重要度 ★★★★★

 4項目の対応関係で○×表を作るとさすがに面倒くさいので、セクション3で紹介したような表で処理します。

このセクションのGoal

・4項目の対応関係を、○×表以外の対応表で解けるようになる。

例題 4

国家一般職 2022　難易度▶ ★ ★ ★

　ある動物病院で、受付に向かってA〜Eの5人が縦一列に並んでいた。5人は赤、青、黒、白、茶のいずれかの色の服を着て、犬、猫、ウサギ、ハムスター、カメのいずれかの動物を連れていた。5人の並び順、服の色、連れていた動物について、A〜Eがそれぞれ次のように発言しているとき、確実にいえることとして最も妥当なのはどれか。

　なお、同じ色の服を着ていた者、同じ動物を連れていた者はいずれもいなかったものとし、受付にはA〜Eのみが並んでいたものとする。

A：私のすぐ前に並んでいた人は犬を、すぐ後ろに並んでいた人は猫を連れていた。

B：私は一番前に並んでいた。私のすぐ後ろに並んでいた人は白い服を着ていた。

C：一番後ろに並んでいた人は赤い服を着ていた。私は黒い服を着ていた。

D：私のすぐ前に並んでいた人は青い服を着ていた。私はカメを連れていた。

E：私は一番後ろではなかった。

1．Aはハムスターを連れており、すぐ後ろにはCが並んでいた。

2．Bは青い服を着ており、犬を連れていた。

3．Cは前から三番目に並んでおり、猫を連れていた。

4．Dのすぐ前にはEが並んでおり、Eはウサギを連れていた。

5．Eは茶色の服を着ており、Eの2人前にはAが並んでいた。

条件からわかることを表に整理します。

順番	1	2	3	4	5
人	B				
色		白			赤
動物					
備考					×E

1番後ろの人を検討します。上の図より、Aは1番後ろではありません。また、黒い服を着ているCも1番後ろではありません（1番後ろは赤だから）。条件よりEも1番後ろではないので、消去法によりDが1番後ろとなります。

順番	1	2	3	4	5
人	B				D
色		白		青	赤
動物					カメ

表より、黒い服のCは3番目しかありません。すると、Aは2番目にしか入るところがありません。また、1番目のBは茶色の服とわかります。

順番	1	2	3	4	5
人	B		C		D
色	茶	白	黒	青	赤
動物					カメ

⇒

順番	1	2	3	4	5
人	B	A	C		D
色	茶	白	黒	青	赤
動物	犬		猫		カメ

4番目はEとなります。

順番	1	2	3	4	5
人	B	A	C	E	D
色	茶	白	黒	青	赤
動物	犬		猫		カメ

　ウサギ、ハムスターについては確定できませんが、肢3「Cは前から三番目に並んでおり、猫を連れていた」は確実にいえます。

 正解 3

 例題の考え方を類題にも使ってみよう！

類題　　　　　　　　　　　東京都Ⅰ類B（新方式）2023　難易度▶ ★ ☆ ☆

　あるボランティアサークルのA〜Fの6人のメンバーについて、次のことが分かっているとき、確実にいえるのはどれか。

ア　このボランティアサークルへの加入年数は、2人が1年目、1人が2年目、3人が3年目である。

イ　年齢層は、20歳代と30歳代が2人ずつ、40歳代と50歳代が1人ずつであり、3人が運転免許を持っている。

ウ　加入年数が3年目のメンバーは、3人とも年齢層が異なる。

エ　Aは運転免許を持ち、Bよりも高い年齢層に属し、加入年数も長い。

オ　C，Dは加入年数が3年目で、DはBよりも高い年齢層に属している。

カ　Eは40歳代で運転免許を持たず、Dよりも高い年齢層に属している。

キ　Fは加入年数が1年目で運転免許を持たず、Dよりも高い年齢層に属している。

1. 加入年数が2年目のメンバーは、運転免許を持っている。
2. 加入年数が3年目のメンバーのうちの1人は、50歳代である。
3. 運転免許を持つメンバーのうちの2人は、20歳代である。
4. Cは、運転免許を持っていない。
5. Eは、加入年数が1年目である。

条件が多く載っている「年齢層」から検討します。

　条件オ、カより、40歳代のEより年齢層が低く、Bより高いDは30歳代となります（Bは20歳代です）。さらに条件キより、Fは30歳代のDより年齢層が高いですが、1人しかいない40歳代はEですのでFは50歳代となります。

　また条件エより、Aは20歳代のBより年齢層が高いので30歳代となり、残ったCが20歳代となります。ここまでを表に整理します。

年齢層	50歳代	40歳代	30歳代	30歳代	20歳代	20歳代
人	F	E	A	D	B	C
年数	1年目			3年目		3年目
免許	×	×	○			

　条件ウ「加入年数が3年目のメンバーは、3人とも年齢層が異なる」を検討します。50歳代のFが1年目なので、3年目の年齢層は、20, 30, 40歳代です。したがって40歳代のEが3年目となります。すると、条件エよりAはBよりも加入年数が長いのでAが2年目、Bが1年目となります。

年齢層	50歳代	40歳代	30歳代	30歳代	20歳代	20歳代
人	F	E	A	D	B	C
年数	1年目	3年目	2年目	3年目	1年目	3年目
免許	×	×	○			

　運転免許についてはこれ以上確定することができませんが、肢1「加入年数が2年目のメンバーは、運転免許を持っている」は確実にいえます。

（正解 1）

セクション 5 対応関係のテクニック

重要度 ★ ★ ★ ★ ★

このセクションでは発想を180°転換させた対応関係の解法を紹介します。通常は対応表を作ってから〇×を埋めますが、このセクションでは逆に〇×の組合せを確定させてから対応表を作ります。問題を通して具体的に解説していきます。なお、この解法は難易度が高い問題に使います。苦手な人は後回しにしても構いません。

このセクションのGoal

・先に〇×の組合せを確定させてから対応表を作れるようになる。

例題 5

国家一般職 2021　難易度 ▶ ★ ★ ☆

A〜Eの5人は、放課後にそれぞれ習い事をしている。5人は、生け花教室、茶道教室、書道教室、そろばん教室、バレエ教室、ピアノ教室の六つの習い事のうち、Eは二つ、それ以外の人は三つの教室に通っている。次のことが分かっているとき、確実にいえることとして最も妥当なのはどれか。

○ 生け花教室に通っているのは4人、茶道教室は3人、書道教室は1人である。
○ AとCが共に通っている教室はない。
○ BとDが共に通っている教室は一つ、AとBが共に通っている教室は二つである。
○ BとEが共に通っている教室は一つ、AとEが共に通っている教室は二つである。
○ Cは、バレエ教室には通っていない。
○ Dは、そろばん教室に通っているが、ピアノ教室には通っていない。

1. Aは、生け花教室とそろばん教室に通っている。
2. Bは、茶道教室と書道教室に通っている。
3. Cは、そろばん教室とピアノ教室に通っている。
4. Dは、茶道教室とバレエ教室に通っている。
5. Eは、生け花教室とバレエ教室に通っている。

各人の組合せに関する条件が多いので、習い事の対応関係よりも人の組合せを先に考えていきます。まず、2番目の条件「AとCが共に通っている教室はない」とありますが、習い事は6つで、A，Cとも3つの習い事に通っているので、2人の習い事の〇×は完全に逆になります。そこで次のように組合せを示します。

	①	②	③	④	⑤	⑥	計
A	〇	〇	〇	×	×	×	3
B							3
C	×	×	×	〇	〇	〇	3
D							3
E							2
計							

　次に4番目の条件「AとEが共に通っている教室は二つである」より、この組合せを①，②にします。さらに4番目の条件「BとEが共に通っている教室は一つ」は①か②のいずれかとなりますが、区別はないので①としてしまいます。すると3番目の条件「AとBが共に通っている教室は二つである」より、もう1つのA，Bの組合せは③となります。

◆発想の逆転
先に〇×から確定
させます。

	①	②	③	④	⑤	⑥	計
A	〇	〇	〇	×	×	×	3
B	〇	×	〇				3
C	×	×	×	〇	〇	〇	3
D							3
E	〇	〇	×	×	×	×	2
計							

　ここで表より、最初の条件「生け花教室に通っているのは4人」を満たせるのは①しかないので、①は生け花になり、残ったDが入ります。これで3番目の条件「BとDが共に通っている教室は一つ」は①のことだとわかります（③

のDは、Bと異なる組合せですので×になります）。

	①花	②	③	④	⑤	⑥	計
A	○	○	○	×	×	×	3
B	○	×	○				3
C	×	×	×	○	○	○	3
D	○		×				3
E	○	○	×	×	×	×	2
計	4		2				

　Bのもう1つの「○」は④〜⑥のいずれかですが、区別がないので④として
しまいます。先ほどと同様に、これ以上Bと同じ組合せがないDの④はありま
せん。

	①花	②	③	④	⑤	⑥	計
A	○	○	○	×	×	×	3
B	○	×	○	○	×	×	3
C	×	×	×	○	○	○	3
D	○		×	×			3
E	○	○	×	×	×	×	2
計	4		2	2			

　ここで、表より最初の条件「書道教室は1人」を満たせるのは⑤か⑥しかあ
りません。区別がないので⑥を書道としてしまいます。すると、書道はC1人
ですので、⑥のDは「×」になります。Dは残った②、⑤が「○」になります。

	①花	②	③	④	⑤	⑥書道	計
A	○	○	○	×	×	×	3
B	○	×	○	○	×	×	3
C	×	×	×	○	○	○	3
D	○	○	×	×	○	×	3
E	○	○	×	×	×	×	2
計	4	3	2	2	2	1	

　これで組合せが確定しました。3人が通っているのは②しかないので、最初の条件よりこれが茶道になります。さらに5番目の条件「Cは、バレエ教室には通っていない」より、バレエは③、最後の条件「Dは、そろばん教室に通っているが、ピアノ教室には通っていない」より、⑤がそろばん、④はピアノになります。

	①花	②茶道	③バレエ	④ピアノ	⑤そろ	⑥書道	計
A	○	○	○	×	×	×	3
B	○	×	○	○	×	×	3
C	×	×	×	○	○	○	3
D	○	○	×	×	○	×	3
E	○	○	×	×	×	×	2
計	4	3	2	2	2	1	

　以上より、正解は肢3「Cは、そろばん教室とピアノ教室に通っている」となります。

正解3

類題　　　　　　　　　　　　　　　国家一般職 2017　難易度▶ ★ ★ ☆

　ある小学校では、月～金曜日の夜間、校庭を地域の五つの団体Ａ～Ｅに貸し出すこととなった。Ａ～Ｅは借りる曜日の希望調査に対して、順位を付けずに二つの曜日を回答したところ、希望した二つの曜日のうちいずれかの曜日に借りることができた。次のことが分かっているとき、確実にいえるのはどれか。

　ただし、同じ曜日に複数の団体に貸し出すことはなかったものとする。

○　月～金曜日のうち、四つの曜日は、希望した団体が複数あった。
○　Ａは、二つの曜日とも、Ｄと同じ曜日を希望した。
○　Ｂは、水曜日と金曜日を希望した。
○　Ｃは、希望した曜日のうち、火曜日には借りることができなかった。
○　Ｄは、水曜日に借りることができた。
○　Ｅは、希望した曜日が、Ｂ及びＣとそれぞれ一つずつ同じであった。

1.　Ａは、木曜日に借りることができた。
2.　Ｄは、月曜日と水曜日を希望した。
3.　Ｅは、火曜日と金曜日を希望した。
4.　水曜日を希望した団体は、Ａ，Ｂ，Ｄ，Ｅであった。
5.　木曜日を希望した団体は、一つのみであった。

STEP1　「四つの曜日は、希望した団体が複数あった」を推理しよう

　最初の条件「月～金曜日のうち、四つの曜日は、希望した団体が複数あった」を考えます。各団体とも２つの曜日を希望しているので、希望曜日の数は延べ２×５＝10（個）となります。それを踏まえて「四つの曜日は、希望した団体が複数あった」ということは、１つの曜日は１つの団体しか希望しなかったということです。つまり、１つの曜日が１団体、３つの曜日が２団体、１つの曜日が３団体という（1，2，2，2，3）が妥当です。

STEP2　曜日は気にせず先に組合せを確定させよう

　最後の条件「Ｅは、希望した曜日が、Ｂ及びＣとそれぞれ一つずつ同じであった」より、（Ｂ，Ｅ）と（Ｃ，Ｅ）の組合せを①，②とします。

	①	②	③	④	⑤
A	×	×			
B	○	×			
C	×	○			
D	×	×			
E	○	○	×	×	×
	2	2	2	3	1

（B，E），（C，E）の組合せが3団体の曜日になることはあり得ません。仮に（A，B，E）とすると、条件「Aは、二つの曜日とも、Dと同じ曜日を希望した」より、（A，B，D，E）と4団体になってしまうからです。

次に、2番目の条件「Aは、二つの曜日とも、Dと同じ曜日を希望した」より、（A，D）の組合せを③，④とします（③を2つの団体が希望した曜日にします）。すると、3番目の条件「Bは、水曜日と金曜日を希望した」と5番目の条件「Dは、水曜日に借りることができた」より、B，Dは同じ曜日（水曜日）に希望を出しています。それを満たすのは④の組合せしかありません。

	①	②	③	④	⑤
A	×	×	○	○	×
B	○	×	×		
C	×	○	×		
D	×	×	○	○	×
E	○	○	×	×	×
	2	2	2	3	1

⇒

	①	②	③	④	⑤
A	×	×	○	○	×
B	○	×	×	○	×
C	×	○	×	×	○
D	×	×	○	○	×
E	○	○	×	×	×
	2	2	2	3	1

STEP.3 曜日を確定しよう

引き続き3番目と5番目の条件より、④が水曜日となります。するとBは①の曜日が希望が通ったことになり、3番目の条件「Bは、水曜日と金曜日を希望した」より、それは金曜日となります。

	①＝金	②	③	④＝水	⑤
A	×	×	◎	▲	×
B	◎	×	×	▲	×
C	×	○	×	×	○
D	×	×	▲	◎	×
E	▲	○	×	×	×
	2	2	2	3	1

　表より、Eは②の曜日で希望が通ったことになるので、Cは②は希望が通らず⑤で通ったことになります。4番目の条件「Cは、希望した曜日のうち、火曜日には借りることができなかった」より、②が火曜日となります。

	①＝金	②＝火	③	④＝水	⑤
A	×	×	◎	▲	×
B	◎	×	×	▲	×
C	×	▲	×	×	◎
D	×	×	▲	◎	×
E	▲	◎	×	×	×
	2	2	2	3	1

　③，⑤の曜日は確定できませんが、肢3「Eは、火曜日と金曜日を希望した」は確実にいえます。

正解3

モノの受け渡しを扱う対応関係を紹介します。「グラフ」と呼ばれる矢印を使った解法と表を用いた解法があります。好みによって使い分けていいと思います。今回紹介する 2 問ともグラフ、表 2 つの解法を載せますので好きなほうで解いてみてください。

このセクションのGoal

・受け渡しの対応関係を、グラフを用いて解けるようになる。
・受け渡しの対応関係を、表を用いて解けるようになる。

例題 6　　　　　　　　　　　　　　裁判所職員 2023　難易度▶ ★ ★ ★

　A，B，C，D，Eの5人は、赤、青、黄、黒、白のうちいずれか1枚の異なるカードを持っている。5人全員が自分の持っているカードを自分以外の他者に送り、また自分も他者からカードを受け取った。さらに、次のア〜エのことが分かっている。

ア　Bは青のカードを送ることも受け取ることもなかった。
イ　CはBにカードを送り、Dが送った相手からカードを受け取った。
ウ　Dは黒のカードを送ったが、赤のカードは受け取っていない。
エ　Eが送ったカードは青ではない。Eが受け取ったカードは白だった。

　カードを送った相手からはカードを受け取っていないとすると、Aについて正しくいえるのは次のうちどれか。

1. AはCに青のカードを送った。
2. AはDに黄のカードを送った。
3. AはEに白のカードを送った。
4. AはEから白のカードを受け取った。
5. AはBが送った相手から受け取った。

解法1 グラフを用いた解法

　自分以外の誰かにカードを送るのは次の2つのケースが考えられますが、
【ケース1】は「カードを送った相手からはカードを受け取っていない」に反
するので【ケース2】のほうが妥当です。

【ケース1（3人、2人でやりとり）】　　　　【ケース2（5人でやりとり）】

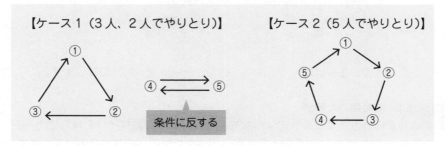

条件に反する

①をBにして、条件ア、イ、ウを記入します。

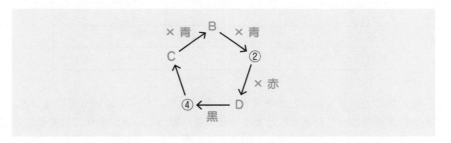

　条件エ「Eが受け取ったカードは白だった」より、Eの④はあり得ないので
（黒を受け取ってしまうから）、②しかありません（④はAに決まります）。

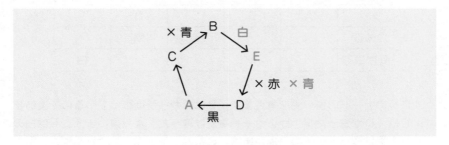

　図より、青のカードを送ったのはAしか考えられません。
　Dは赤を受け取っていないので、黄色を受け取ったことになります。

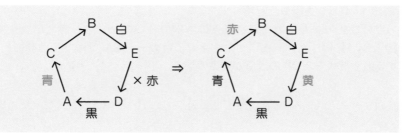

したがって、正解は肢1「AはCに青のカードを送った」になります。

解法2 表を用いた解法

条件からわかることを次のような表に整理します。条件イ「CはBにカードを送り」より、Cが送った色とBが受け取った色は同じですので★で表します。

	A	B	C	D	E
送る			★	黒	
受け取る		★			白

誰が青のカードを送ったか考えます。条件より、B，Eは送っていません。またCが青のカードを送ったとするとBが受け取ってしまい条件に反するのであり得ません。したがって消去法によりAが青のカードを送ったことになります。

	A	B	C	D	E
送る	青		★	黒	
受け取る		★			白

次にDのカードの送り先を考えます。BはCから受け取っているので違います。Cは「Dが送った相手からカードを受け取った」より違います。Eは白のカードを受け取っているので違います。したがって消去法によりDがAに黒のカードを送ったことになります。

すると改めてCに関する条件イ「Dが送った相手からカードを受け取った」より、Aの青のカードはCに送ったことになります。

	A	B	C	D	E
送る	青		★	黒	
受け取る	黒	★	青		白

　Dに関する条件ウ「赤のカードは受け取っていない」及び表より、赤のカードを受け取ったのはBしかあり得ません。

	A	B	C	D	E
送る	青		赤	黒	
受け取る	黒	赤	青	黄	白

　表より、白のカードを送ったのはBです（Eだとするとe自身で白を受け取ってしまう）。

	A	B	C	D	E
送る	青	白	赤	黒	黄
受け取る	黒	赤	青	黄	白

　以上より、正解は肢1となります。

正解 1

第1章

対応関係

　A～Eの5人がプレゼントの交換会を行い、赤、青、黄、緑、紫の5色のそれぞれ異なる色の袋を1枚ずつ使ってその中にプレゼントを入れ、他の人に渡した。プレゼントについて、5人が次のように述べているとき、確実にいえるのはどれか。

　ただし、プレゼントを二つ以上受け取った者はいなかった。

A：「私は紫色の袋を使い、黄色の袋に入ったプレゼントを受け取った。」
B：「私は青色の袋を使うことも、受け取ることもなかった。」
C：「私のプレゼントはBに渡した。また、青色の袋に入ったプレゼントを受け取らなかった。」
D：「私が受け取ったのはBのプレゼントではなかった。」
E：「私は緑色の袋を使った。」

1.　AのプレゼントはDが受け取った。
2.　BのプレゼントはAが受け取った。
3.　Dは青色の袋に入ったプレゼントを受け取った。
4.　EのプレゼントはCが受け取った。
5.　いずれの2人も両者の間でプレゼントを交換し合うことはなかった。

解法1 グラフを用いた解法

　各人の発言を図示します。B，Cは1つにまとめます。

$$
\begin{array}{c}
\xrightarrow{\text{黄}}\ A\ \xrightarrow{\text{紫}} \\
\xrightarrow{\times\text{青}}\ C\ \xrightarrow{\times\text{青}}\ B\ \xrightarrow{\times\text{青}} \\
E\ \xrightarrow{\text{緑}}
\end{array}
$$

　青の袋を誰が使ったか検討します。Aは紫、Eは緑を使っており、B，Cは青を使っていないので消去法によりDが青を使ったことになります。

　さらにAは黄色を受けとっており、B，Cは青を受け取っていないので消去法によりEが青を受け取ったことになります。

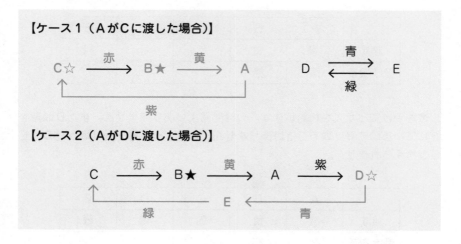

$$★ \xrightarrow{\text{黄}} A \xrightarrow{\text{紫}}$$

$$\xrightarrow{\times青} C \xrightarrow{\times青} B \xrightarrow{\times青}$$

$$D \xrightarrow{\text{青}} E \xrightarrow{\text{緑}}$$

　次に黄色の袋を使いＡに渡した人（図の★）を検討します。ＣはＢに、ＤはＥに渡しているので違います。また、Ｅは緑を使っているので違います。したがって消去法によりＢしかあり得ません。

$$\xrightarrow{\times青} C \xrightarrow{\times青} B★ \xrightarrow{\text{黄}} A \xrightarrow{\text{紫}} ☆$$

$$D \xrightarrow{\text{青}} E \xrightarrow{\text{緑}}$$

　次にＡが紫の袋を渡した人（図の☆）を考えます。これはＣかＤの可能性があるので場合分けをします。

【ケース１（ＡがＣに渡した場合）】

【ケース２（ＡがＤに渡した場合）】

　どちらもあり得ますが、肢２「ＢのプレゼントはＡが受け取った」は確実にいえます。

条件からわかることを次のような表に整理します。なお、◎は同じ色であることを表します。

	A	B	C	D	E
渡す	紫		◎		緑
受け取る	黄	◎			

◎は既に表中にある紫、緑、黄色ではありません。また、Bの発言より◎は青でもないので赤しかあり得ません。

	A	B	C	D	E
渡す	紫		赤		緑
受け取る	黄	赤			

Bの発言より、Bは青を渡していないので青はDとなります。

	A	B	C	D	E
渡す	紫	黄	赤	青	緑
受け取る	黄	赤			

青を受け取った人を検討します。Cは発言よりあり得ません。またDは青を渡しているので受け取ることはありません。したがって青を受け取ったのはEしか考えられません。

	A	B	C	D	E
渡す	紫	黄	赤	青	緑
受け取る	黄	赤	紫／緑	緑／紫	青

C，Dが受け取った色については確定できませんが、肢2「BのプレゼントはAが受け取った」は確実にいえます。

正解 2

第2章

順序関係

ポイント講義は
こちら

ブロック図と順序関係

重要度
★ ★ ★ ★ ★

このセクションではブロック図を用いる順序関係を紹介します。ブロック図とは「間に○人いる」「○の両隣は△と☆」のように幅がはっきりしている条件によって表すことができる図のことを言います。ブロック図を用いる順序関係は一定の解法がありますので覚えてしまいましょう。

このセクションのGoal

・ブロック図を用いて順序関係の問題を解くことができるようになる。

基礎知識

【ブロック図と順序関係の解法】
①ブロック図を描き、考えられる箇所に配置して大枠を作る。何通りか可能性が考えられるなら全て場合分けをして配置する。
②その他の条件で大枠のすき間を埋めていく。

例題7

東京都Ⅰ類B 2013　難易度▶ ★ ★ ★

A～Gの7つの中学校が出場した合唱コンクールの合唱の順番及び審査結果について、次のア～カのことが分かった。

ア　A校とD校の間に4つの中学校が合唱した。
イ　B校はE校の1つ前に合唱した。
ウ　C校とF校の間に2つの中学校が合唱した。
エ　D校はC校の次に合唱した。
オ　E校とG校の間に3つの中学校が合唱した。
カ　5番目に合唱した中学校が最優秀賞を受賞した。

以上から判断して、最優秀賞を受賞した中学校として、正しいのはどれか。

1．B校　　2．C校　　3．E校　　4．F校　　5．G校

条件ア、ウ、エをつなげます。

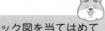

> このように間隔がはっきりした図をブロック図と言います。複数の条件をつなげて、より大きなブロック図を作ろう。

    AFOOCD　もしくは　CDOFOOA

これを1〜7番目に当てはめると次の3通りが考えられます。

> ブロック図を当てはめて大枠を作ろう。
> 何通りかの可能性がある場合は全て場合分けをしよう。大して時間かからないから面倒くさがらないでね！

	1	2	3	4	5	6	7
ケース1	A	F	○	○	C	D	
ケース2		A	F	○	○	C	D
ケース3	C	D	○	F	○	○	A

これに条件イ「B校はE校の1つ前に合唱した」を当てはめます。各ケースとも「BE」が当てはまる箇所は1つしかありません。さらに残った1か所にGを加えましょう。

	1	2	3	4	5	6	7
ケース1	A	F	B	E	C	D	G
ケース2	G	A	F	B	E	C	D
ケース3	C	D	G	F	B	E	A

> その他の条件を大枠に埋めてみよう！

条件オ「E校とG校の間に3つの中学校が合唱した」を満たしているのはケース2だけです。

	1	2	3	4	5	6	7
ケース1	A	F	B	E	C	D	G
ケース2	G	A	F	B	E	C	D
ケース3	C	D	G	F	B	E	A

したがって、5番目に合唱したE校が最優秀賞を受賞したので正解は肢3となります。

正解3

例題の考え方を類題にも使ってみよう！

　A〜Fの6人の小学生が前から背の高い順に並んでいる。6人の並び方について次のことが分かっているとき、6人の並び順を**確定することができる条件はどれか。**

　なお、背の高さが同じ者はいない。

- ○　AとDの間には2人いて、AよりもDの方が背が高い。
- ○　EとFの間には2人いる。
- ○　EはAよりも背が高い。
- ○　BはDよりも背が高い。
- ○　AとFは隣り合っていない。

1. Aは最も背が低い。
2. Bは前から2番目である。
3. Cは後ろから2番目である。
4. Dは前から3番目である。
5. Fは前から2番目である。

　最初の条件「AとDの間には2人いて、AよりもDの方が背が高い」と「BはDよりも背が高い」をつなげると、次の3通りが考えられます。

	1	2	3	4	5	6
ケース1	B	D			A	
ケース2	B		D			A
ケース3		B	D			A

　これに、2番目の条件「EとFの間には2人いる」を加えるとさらに次のような場合が考えられます（残った箇所にCを入れてください）。

		1	2	3	4	5	6
ケース1	甲	B	D	E	C	A	F
	乙	B	D	F	C	A	E
ケース2	甲	B	E	D	C	F	A
	乙	B	F	D	C	E	A
ケース3	甲	E	B	D	F	C	A
	乙	F	B	D	E	C	A

◆迷わず場合分け！
明らかに間違っている
ケースは書かなくてい
いけど、迷ってるくら
いなら書いちゃったほ
うが早いよ。
迷わず書けよ。
書けばわかるさ。

第2章

順序関係

ケース1甲は、「AとFは隣り合っていない」に反するので不適です。

ケース1乙は、「EはAよりも背が高い」に反するので不適です。

ケース2甲は、「AとFは隣り合っていない」に反するので不適です。

		1	2	3	4	5	6
ケース2	乙	B	F	D	C	E	A
ケース3	甲	E	B	D	F	C	A
	乙	F	B	D	E	C	A

3通りの可能性が残りました。これに選択肢を条件に加えます。

1 × ケース2乙、ケース3甲、乙が考えられるので1つに絞られません。

2 × ケース3甲、乙が考えられるので1つに絞られません。

3 × ケース3甲、乙が考えられるので1つに絞られません。

4 × ケース2乙、ケース3甲、乙が考えられるので1つに絞られません。

5 ○ ケース2乙のみに絞られます。

正解5

　　A～Hの８人が同じ方向を向いて横一列に並んでいる。A～Dは白い服を着ており、E～Hは黒い服を着ている。次のことがわかっているとき、正しくいえるのはどれか。

・白い服を着た者同士、黒い服を着た者同士は隣り合っていない。
・AとEは隣り合っており、BとFも隣り合っている。
・Bの１人おいて左隣にDが並んでいる。
・BとEの間に４人がおり、そのうちの１人はHである。
・Cは左端でも右端でもなく、Hとは隣り合っていない。

1. AとDに間には１人がいる。
2. BとHは隣り合っている。
3. CとDの間には３人がいる。
4. DとGは隣り合っている。
5. EとGの間には１人がいる。

　　１番目の条件「白い服を着た者同士、黒い服を着た者同士は隣り合っていない」より、白、黒は交互に並んでいます。

　　４番目の条件「BとEの間に４人がおり」より、B○○○○Eのブロック図が作れますので、これを当てはめます。なお、この時点では左、右については考えず、後でわかり次第確定させます。

	①	②	③	④	⑤	⑥	⑦	⑧
ケース１	B					E		
ケース２		B					E	
ケース３			B					E

　　ケースごとに場合を分けて検討します。

ケース１の場合

　　２番目の条件「BとFも隣り合っている」よりFは②、３番目の条件「Bの１人おいて左隣にDが並んでいる」よりDは③となります（①が右、⑧が左とわかります）。

			①	②	③	④	⑤	⑥	⑦	⑧		
ケース1	右		B	F	D			E			左

Hを検討します。Hは黒ですが、4番目の条件「BとEの間に4人がおり、そのうちの1人はHである」より、それを満たせるのは④だけです。

ここで5番目の条件「Cは左端でも右端でもなく、Hとは隣り合っていない」より、白のCは④のHとは隣り合っていないので⑦に確定します。

			①	②	③	④	⑤	⑥	⑦	⑧		
ケース1	右		B	F	D	H		E	C		左

最後に白のAは⑤、黒のGは⑧に確定します(2番目の条件「AとEは隣り合っており」にも矛盾しません)。

			①	②	③	④	⑤	⑥	⑦	⑧		
ケース1	右		B	F	D	H	A	E	C	G	左

ケース2の場合

3番目の条件「Bの1人おいて左隣にDが並んでいる」より、Dは④です(⑧の側が左となります)。また、5番目の条件「Cは左端でも右端でもなく」より、白のCは⑧ではないので⑥となります(Aは⑧となります)。

			①	②	③	④	⑤	⑥	⑦	⑧		
ケース2	右			B		D		C	E	A	左

4番目の条件「BとEの間に4人がおり、そのうちの1人はHである」より、Hは③か⑤ですが、5番目の条件「Cは左端でも右端でもなく、Hとは隣り合っていない」より、⑤ではなく③となります。

すると2番目の条件「BとFも隣り合っている」より、Fは①となります(残ったGは⑤となります)。

		①	②	③	④	⑤	⑥	⑦	⑧	
ケース2	右	F	B	H	D	G	C	E	A	左

ケース3の場合

2番目の条件「AとEは隣り合っており」より、Aは⑦です。すると5番目の条件「Cは左端でも右端でもなく」より、Cは①ではないので⑤しかあり得ません。残ったDが①になり、①側が左となります。

ここで4番目の条件「BとEの間に4人がおり、そのうちの1人はHである」より、Hは④か⑥のいずれかですが、どちらであってもCと隣り合ってしまうので5番目の条件に反してしまいます。

よってケース3は不適です。

		①	②	③	④	⑤	⑥	⑦	⑧	
ケース3	左	D		B	(H)	C	(H)	A	E	右

HがCの隣になってしまうので不適です

以上より、ケース1, 2があり得ます。

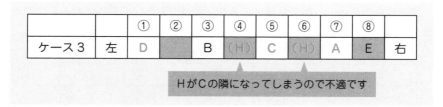

		①	②	③	④	⑤	⑥	⑦	⑧	
ケース1	右	B	F	D	H	A	E	C	G	左
ケース2	右	F	B	H	D	G	C	E	A	左

いずれにおいても肢5「EとGの間には1人がいる」は確実にいえます。

正解 5

8 数値差がある順序関係①

重要度
★ ★ ★ ★ ★

順序関係の中には具体的な数値差があるパターンもあります。「樹形図」か「数直線」で可視化して解くことがほとんどです。このセクションでは「樹形図」を紹介します。

このセクションの Goal

・数値差のある順序関係の問題を、樹形図で場合を分けて解けるようになる。

例題 8

国家総合職 2023   難易度▶ ★ ★ ★

畑で収穫した重さの異なるA～Eの五つのスイカについて、次のことが分かっているとき、確実にいえるのはどれか。

- ○ AとBの差は 600 g である。
- ○ BとCの差は 300 g である。
- ○ CとDの差は 400 g である。
- ○ DとEの差は 200 g である。
- ○ AとEの差は 700 g である。

1. 1番目に軽いのは、Aである。
2. 2番目に軽いのは、C又はDである。
3. 3番目に軽いのは、Bである。
4. 4番目に軽いのは、A又はEである。
5. 5番目に軽いのは、Eである。

Aの重さを0と置き基準にして、各スイカの重さを樹形図で表します。「AとBの差は 600 g である」より、Bは＋600 g か－600 g が考えられます。さらに「BとCの差は 300 g である」より、Cの重さも樹形図で表すことができます。

```
        A       B       C       D       E
                                9
                        6  <
                                3
        0  <
                                -3
                       -6  <
                                -9
```

＊グラム数は百の位のみ表示しています。

同様に「CとDの差は400gである」より、Dも加えます。

```
        A       B       C       D       E
                                    13
                            9  <
                                    5
                    6  <
                                    7
                            3  <
                                    -1
        0  <
                                    1
                           -3  <
                                    -7
                   -6  <
                                    -5
                           -9  <
                                    -13
```

　このまま「DとEの差は200gである」に従ってEを加えてもいいのですが、16通り描くのは少し面倒くさいので工夫をします。最後の条件「AとEの差は700gである」より、Aを0と置いているのでEの重さは＋700gか－700gです。つまり、「DとEの差は200gである」に従ってDからEに樹形図を描くとき、Eの結果が＋700gか－700gになるもののみ描きましょう。

```
        A       B       C       D       E
                                    13
                            9  <
                                    5 — 7    …①
                    6  <
                                    7
                            3  <
                                    -1
        0  <
                                    1
                           -3  <
                                    -7
                   -6  <
                                    -5 — -7   …②
                           -9  <
                                    -13
```

以上①、②の場合が考えられます。順番は次の通りです。

	1番軽い	2番目に軽い	3番目に軽い	4番目に軽い	5番目に軽い
①	A（0）	D（500）	B（600）	E（700）	C（900）
②	C（-900）	E（-700）	B（-600）	D（-500）	A（0）

①，②の2つのケースがあり得ますが、肢3「3番目に軽いのは、Bである」は確実にいえます。

正解 3

例題の考え方を類題にも使ってみよう!

類題　　　　　　　　　　特別区Ⅰ類 2020　難易度▶ ★ ★ ☆

A〜Fの6人がマラソン競走をした。今、ゴールでのタイム差について、次のア〜カのことが分かっているとき、EとFの着順の組合せはどれか。ただし、Aのタイムは6人の平均タイムより速かったものとする。

ア　AとCのタイム差は3分であった。
イ　BとDのタイム差は6分であった。
ウ　CとEのタイム差は18分であった。
エ　DとEのタイム差は27分であった。
オ　AとFのタイム差は6分であった。
カ　BとFのタイム差は12分であった。

```
     E       F
1. 1位     2位
2. 1位     3位
3. 1位     4位
4. 6位     2位
5. 6位     3位
```

Aのタイムを0と置いて樹形図を描きます。条件アとオよりCとFを次のように描きます。

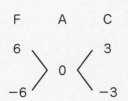

このような樹形図の展開の仕方もあります。本問は6人いるので、例題の樹形図ではボリューミーになってしまいます（もちろん例題の樹形図でも解けるので試してみてください）。

　さらに、条件ウ、エよりC→E→Dを、条件カ、イよりF→B→Dをつなげます。

D	B	F	A	C	E	D
24	18				21	48
12		6		3		−6
0	−6				−15	12
−12			0			−42
12	6				15	42
0		−6		−3		−12
−12	−18				−21	6
−24						−48

　Dは12か−12の場合が考えられます。A→C→E→D→B→Fの順につなげると次の4通りが考えられます。

	A	C	E	D	B	F
ケース1	0	3	−15	12	18	6
ケース2	0	3	−15	12	6	−6
ケース3	0	−3	15	−12	−6	6
ケース4	0	−3	15	−12	−18	−6

　「Aのタイムは6人の平均タイムより速かった」より、各ケースの平均を求

めます。なお、マイナスほど速いタイムとみなします。

$$\text{ケース1の平均} = \frac{0 + 3 + (-15) + 12 + 18 + 6}{6} = +4$$

$$\text{ケース2の平均} = \frac{0 + 3 + (-15) + 12 + 6 + (-6)}{6} = 0$$

$$\text{ケース3の平均} = \frac{0 + (-3) + 15 + (-12) + (-6) + 6}{6} = 0$$

$$\text{ケース4の平均} = \frac{0 + (-3) + 15 + (-12) + (-18) + (-6)}{6} = -4$$

　Aのタイムは0ですので、ケース1の場合、平均の＋4より速いです。ケース2，3は平均タイムと同じなので不適です。ケース4の平均は−4でAのほうが遅いので不適です。

　したがって、ケース1の場合が正しく、その場合の順位はE＝1位、F＝4位ですので正解は肢3となります。

(正解 3)

セクション
9 数値差がある順序関係② 重要度 ★★★★★

引き続き、具体的な数値差のある問題を紹介します。今回は数直線を用いて解きます。樹形図と数直線どちらを使うかの判断基準は主観になってしまいます。私は大小関係が多い問題には数直線、大小関係がなく差しか載っていない問題は樹形図で解きますが、自分なりの判断基準を構築してください。

このセクションのGoal

・数値差のある順序関係の問題を、数直線で解けるようになる。

例題9 　　　　　　　　　　　　地方上級 2023　難易度▶ ★ ★ ★

　A，B，C，Dの4人の点数について次のことがわかっているとき、最も点数が高かった者と、最も点数が低かった者の点数の差はいくらか。

・Bの点数は、A，C，Dの3人の平均点と同じであった。
・Cの点数はBより2点低く、Aより4点高かった。

1. 8　　　2. 10　　　3. 12　　　4. 14　　　5. 16

　「Cの点数はBより2点低く、Aより4点高かった」を数直線で表します。なお、下の数値は平均からの差です。

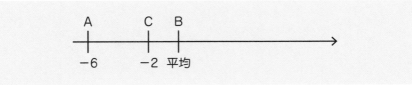

　平均からの差を全て足すと必ず0になります。現状、A，C2人で（−6）＋（−2）＝ −8ですので、Dは +8にしないといけません。

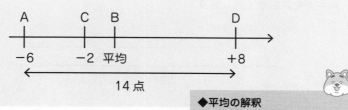

$$14 点$$

◆平均の解釈
平均からの差を全て足すと0
になる性質は、順序関係や資
料解釈でよく使います。

　図より、「最も点数が高かった者と、最も点
数が低かった者の点数の差」は 14 点ですの
で正解は肢 4 となります。

正解 4

 例題の考え方を類題にも使ってみよう!

類題①　　　　　　　　　　　　　東京都Ⅰ類A 2020　難易度▶ ★ ☆ ☆

　イチゴ狩りに行った A ～ E の 5 人が食べたイチゴの個数について、次のこ
とが分かった。

ア　A が食べた個数は、D が食べた個数と C が食べた個数との和から E が食べ
　　た個数を引いた個数より 5 個少なかった。

イ　B が食べた個数は、E が食べた個数より 5 個多く、D が食べた個数より 8
　　個少なかった。

ウ　C が食べた個数は、E が食べた個数より多く、B が食べた個数より少な
　　かった。

エ　食べたイチゴの個数が同じ者はいなかった。

　以上から判断して、食べたイチゴの個数が 2 番目に多い者の個数と 4 番目
に多い者の個数の差として、正しいのはどれか。

1. 7 個　　　2. 8 個　　　3. 9 個　　　4. 10 個　　　5. 11 個

条件イを数直線で表します。

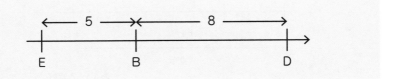

次に条件アを検討します。条件アを式で表すと次のようになります。

$$A = D + C - E - 5$$

ここで、上の数直線よりDとEは13個差ですから、D＝E＋13が成り立ちます。これを上の式に代入します。

$$A = (E + 13) + C - E - 5$$
$$= C + 8$$

これより、AはCより8個多く食べたことがわかります。

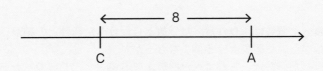

ここで条件ウ「Cが食べた個数は、Eが食べた個数より多く、Bが食べた個数より少なかった」より、2つの数直線を合わせます。

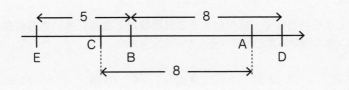

CとB，Eの具体的な差は不明ですが、2番目がA，4番目がCであることは確実にいえます。その差は8個ですから正解は肢2となります。

正解 2

　　A〜Fの6人は、図書館でそれぞれ1冊の本を読んだ。AとDは同時に本を読み始め、その10分後にBとEが同時に本を読み始め、さらに、その10分後にCとFが同時に本を読み始めた。次のことが分かっているとき、A〜Fがそれぞれ本を読み始めてから読み終わるまでに要した時間について確実にいえるのはどれか。

　　ただし、6人とも、本を読み始めてから読み終わるまで、本を読むことを中断することはなかったものとする。

○　AとEが本を読み始めてから読み終わるまでに要した時間は、同じであった。
○　Bが本を読み始めてから読み終わるまでに要した時間は、Eのそれよりも4分短かった。
○　Cは、Bよりも先に本を読み終わり、Aよりも後に本を読み終わった。
○　Dは、Bが本を読み終わって1分後に本を読み終わった。
○　Eは、Fが本を読み終わって4分後に本を読み終わった。

1. Aは、6人の中で3番目に短かった。
2. Bは、6人の中で2番目に短かった。
3. Cは、6人の中で最も短かった。
4. Dは、6人の中で4番目に短かった。
5. Fは、6人の中で3番目に短かった。

STEP1　**読み終わりの順番を調べよう**

　　最初の条件「AとEが本を読み始めてから読み終わるまでに要した時間は、同じであった」及び、Aが読み始めてから10分後にEが読み始めたことから、Aが読み終えてから10分後にEが読み終えたことがわかります。

　　これを次のような数直線で表します。

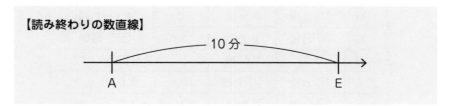

【読み終わりの数直線】

次に２番目の条件「Ｂが本を読み始めてから読み終わるまでに要した時間は、Ｅのそれよりも４分短かった」及び、最後の条件「Ｅは、Ｆが本を読み終わって４分後に本を読み終わった」を数直線に加えます。

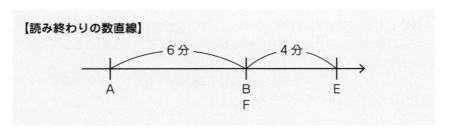

　次に３番目の条件「Ｃは、Ｂよりも先に本を読み終わり、Ａよりも後に本を読み終わった」及び４番目の条件「Ｄは、Ｂが本を読み終わって１分後に本を読み終わった」を加えます。
　なお、ＣはＡが読み終えてから何分後に読み終えたか不明なので x 分と置きます。

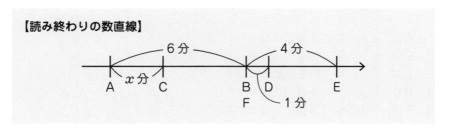

STEP2 **本を読み始めてから読み終わるまでに要した時間の順序を調べよう**

最初に読み終えたＡを基準に読書に要した時間を調べます。

		読み始め	読み終わり	読書時間
	A	± 0	± 0	± 0
Ａを基準としたとき	B	10 分後	6 分後	10 － 6 ＝ 4 （分）短い
	C	20 分後	x 分後	20 － x （分）短い
	D	± 0	7 分後	7 分長い
	E	10 分後	10 分後	± 0
	F	20 分後	6 分後	20 － 6 ＝ 14 （分）短い

Cについて検討します。数直線より、x の範囲は $0 < x < 6$ です。これより、

$$0 < x < 6$$
$$-6 < -x < 0$$
$$20 - 6 < 20 - x < 20$$
$$14 < 20 - x < 20$$

と変形ができますので、Cの読書時間はAより 14 〜 20 分短いことがわかります。つまり、Aとの差がFの 14 分よりも大きいので、Cの読書時間が最も短いことになります。

短い順	1	2	3	4		6
	C	F	B	A, E		D

以上より、正解は肢 3「Cは、6 人の中で最も短かった」になります。

（ 正解 3 ）

セクション 10 順位が変動する順序関係

重要度 ★ ★ ★ ★ ★

 順位が目まぐるしく変動する順序関係では、最初からではなく、わかりやすいところから検討しましょう。

このセクションのGoal

・順位が変動する順序関係の問題を、図表で可視化して解けるようになる。

例題 10

東京都 I 類 B 2018　難易度 ▶ ★ ★ ☆

　A～Eの五つの部からなる営業所で、7～9月の各部の売上高について調べ、売上高の多い順に1位から5位まで順位をつけたところ、次のことが分かった。

ア　A部とB部の順位は、8月と9月のいずれも前月に比べて一つずつ上がった。

イ　B部の9月の順位は、C部の7月の順位と同じであった。

ウ　D部の8月の順位は、D部の7月の順位より二つ下がった。

エ　D部の順位は、E部の順位より常に上であった。

オ　E部の順位は、5位が2回あった。

　以上から判断して、C部の9月の順位として、確実にいえるのはどれか。ただし、各月とも同じ順位の部はなかった。

1. 1位　　　2. 2位　　　3. 3位　　　4. 4位　　　5. 5位

　条件ウ「D部の8月の順位は、D部の7月の順位より二つ下がった」より、Dの7月、8月の順位は、1位→3位、2位→4位が考えられます（3位→5位の可能性は条件エ「D部の順位は、E部の順位より常に上であった」より、Dは5位があり得ないので考えません）。

【ケース1】

	7月	8月	9月
1位	D		
2位			
3位		D	
4位			
5位			

【ケース2】

	7月	8月	9月
1位			
2位	D		
3位			
4位		D	
5位			

　ここで条件ア「A部とB部の順位は、8月と9月のいずれも前月に比べて一つずつ上がった」を考えます。7月、8月、9月の順位は5位→4位→3位、4位→3位→2位、3位→2位→1位が考えられます。これを8月のDと重ならないようにケース1，2に当てはめます。

【ケース1】

	7月	8月	9月
1位	D		○
2位		○	
3位	○	D	△
4位		△	
5位	△		

＊○，△にはA，Bが入ります。

【ケース2】

	7月	8月	9月
1位			☆
2位	D	☆	★
3位	☆	★	
4位	★	D	
5位			

＊☆，★にはA，Bが入ります。

　Bがどこに入るかを考えます。ケース1に注目してください。Bが9月1位（○）だと条件イ「B部の9月の順位は、C部の7月の順位と同じであった」に反します（7月の1位はDだから）。したがって、Bの9月は3位（△）しかなくなりますが、その場合は○がA、つまり7月3位がAとなり、やはり条件イに反します。

　したがって、ケース1は誤りでケース2の場合が妥当となります。

　ケース2の場合、条件イを満たすには9月の1位（☆）をBにするしかありません（★だとDの7月の順位と同じになってしまう）。

【ケース１（不適）】

	7月	8月	9月
1位	D		○
2位		○	
3位	○	D	△
4位		△	
5位	△		

○，△どちらにＢを入れても条件イを満たせない。

【ケース2】

	7月	8月	9月
1位	C		B
2位	D	B	A
3位	B	A	
4位	A	D	
5位			

条件エより、7月、8月のＥはＤより下位の5位となります。

9月のＥを検討しましょう。条件オ「Ｅ部の順位は、5位が2回あった」とありますが、それは7月、8月なので9月は5位ではありません。また、Ｄよりは下位なので、Ｄを3位、Ｅを4位にするしかありません。

【ケース2】

	7月	8月	9月
1位	C	C	B
2位	D	B	A
3位	B	A	D
4位	A	D	E
5位	E	E	C

以上より、Ｃの9月の順位は5位なので正解は肢5となります。

正解5

| 類題 | 東京都Ⅰ類B 2010 | 難易度▶ ★ ★ ★ |

大学生3人、社会人3人のA〜Fの6人が、3,000m走のレースを行ったところ、全員が完走し、1,000m地点、2,000m地点及びゴール地点での状況は次のア〜オのとおりであった。

ア　1,000m地点では、大学生1人と社会人2人が1位から3位までにおり、Cは3位以上、Dは4位以下であった。

イ　2,000m地点では、大学生1人と社会人2人が4位から6位までにおり、1,000m地点からBは順位を3つ下げた。

ウ　ゴール地点での順位は、社会人が2位、3位、6位であり、2,000m地点から大学生のEが順位を3つ上げ1位となった。

エ　各地点で、大学生が3位となったのは一度だけであり、Aは3位以上の順位となることはなかった。

オ　各地点で、Fが順位を上げたのは一度だけであり、順位を下げることはなかった。

以上から判断して、確実にいえるのはどれか。ただし、各地点で、同着はなかった。

1．Aは社会人であり、2,000m地点では6位であった。
2．Bは社会人であり、2,000m地点では4位であった。
3．Cは大学生であり、2,000m地点では3位であった。
4．Dは大学生であり、2,000m地点では1位であった。
5．Fは大学生であり、2,000m地点では2位であった。

　条件ウより、ゴール地点では社会人が2，3，6位なので大学生は1，4，5位です。さらにEは2,000m地点の4位から3つ順位を上げて1位になっています。

　条件イ「2,000m地点では、大学生1人と社会人2人が4位から6位」より、4位のEは大学生ですから、5位、6位は社会人となります。すると条件エ「Aは3位以上の順位となることはなかった」より、2,000m地点でAは5位もしくは6位ですから社会人であることがわかります。さらにゴール地点では4位以下に社会人は6位の1人しかいないのでAは6位でゴールしたことがわかります。

	1,000 m	2,000 m	ゴール
1 位			E（大）
2 位			（社）
3 位			（社）
4 位		E（大）	（大）
5 位		（社）	（大）
6 位		（社）	A（社）

　ここで、条件オを検討します。Fは最終的に順位を1つ上げますが、順位の変動は次の2つが考えられます。

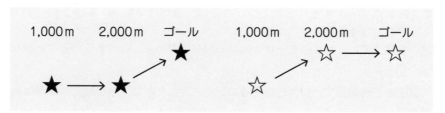

　いずれにせよ、Fが1,000m地点で5位や6位だとすると、2,000m地点が社会人、ゴールが大学生となってしまうので不適です。

【Fが1,000m地点で5位と仮定⇒間違い（6位と仮定しても同様に不適）】

	1,000 m	2,000 m	ゴール
1 位			E（大）
2 位			（社）
3 位			（社）
4 位		E（大）	F（大）
5 位	F	F（社）	（大）
6 位		（社）	A（社）

Fが社会人から大学生に変わっているので不適です。

　つまり、Fは（1,000m，ゴール）＝（4位，3位）もしくは（3位，2位）が考えられますが、いずれにせよゴール地点は社会人ですのでFは社会人となります。

ここで条件ア「1,000m地点では、大学生1人と社会人2人が1位から3位までにおり」より、4～6位は大学生2人、社会人1人となります。この社会人1人はAですから（Aは3位以上になったことがない）、Fではありません。したがって、Fは1,000地点で4位ではなく3位だとわかります。

	1,000m	2,000m	ゴール
1位			E（大）
2位			F（社）
3位	F（社）		（社）
4位		E（大）	（大）
5位		（社）	（大）
6位		（社）	A（社）

　表より、条件イ「1,000m地点からBは順位を3つ下げた」を満たせるのは2位→5位しかありません（ここでBは社会人とわかります。また、2,000mのAは6位とわかります）。ゴール時点で確定していない社会人は3位だけなので、Bが3位となります。
　また条件エ「各地点で、大学生が3位となったのは一度だけ」を満たせるのは2,000m地点しかありません。したがって、社会人のFは3位→2位→2位と推移したことになります。

	1,000m	2,000m	ゴール
1位		（大）	E（大）
2位	B（社）	F（社）	F（社）
3位	F（社）	（大）	B（社）
4位		E（大）	（大）
5位		B（社）	（大）
6位		A（社）	A（社）

　条件ア「1,000m地点では、大学生1人と社会人2人が1位から3位までにおり、Cは3位以上」より、3位以上のCは大学生で1位しかあり得ません。

	1,000 m	2,000 m	ゴール
1位	C（大）	C／D（大）	E（大）
2位	B（社）	F（社）	F（社）
3位	F（社）	D／C（大）	B（社）
4位	A（社）	E（大）	C／D（大）
5位	D（大）	B（社）	D／C（大）
6位	E（大）	A（社）	A（社）

　確定できない箇所が多数ありますが、肢1「Aは社会人であり、2,000 m地点では6位であった」は確実にいえます。

正解 1

第3章

位置関係

ポイント講義は
こちら

セクション 11 配置の位置関係

重要度
★ ★ ★ ★ ★

座席やマンションの部屋といった王道の位置関係を紹介します。セクション7で学習した「ブロック図」の考え方が活躍する機会があります。

このセクションの Goal

・ブロック図を用いて大枠を作り、その他の条件ですき間を埋められるようになる。

例題 11

国家一般職 2019　難易度▶ ★ ★ ★

図のような16の部屋から成る4階建てのワンルームマンションがある。A～Hの8人がいずれかの部屋に1人ずつ住んでおり、A～Hの8人が住んでいる部屋以外は空室である。また、各階とも東側から西側に向かって1号室、2号室、3号室、4号室の部屋番号である。このワンルームマンションについて次のことが分かっているとき、確実にいえるのはどれか。

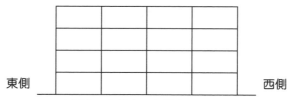

東側　　　　　　　　　　　　　　　　　　西側

1号室　2号室　3号室　4号室

○　Aは1階の1号室に住んでいる。また、他の階で1号室に住んでいるのは、Hのみである。

○　Bは2階に住んでいる。また、Bの隣の部屋は両方とも空室である。

○　Cは、Dの一つ真下の部屋に住んでおり、かつEの一つ真上の部屋に住んでいる。また、Eの隣の部屋にはGが住んでいる。

○　Fは2号室に住んでおり、Cより上の階に住んでいる。

○　F，G，Hの3人はそれぞれ異なる階に住んでいる。

1.　BとCは異なる階に住んでいる。

76

2. DとFは同じ階に住んでいる。

3. Hの隣の部屋は空室である。

4. 1階に住んでいるのは2人である。

5. 全ての部屋が空室である階がある。

「Bは2階に住んでいる。また、Bの隣の部屋は両方とも空室である」、「Cは、Dの一つ真下の部屋に住んでおり、かつEの一つ真上の部屋に住んでいる。また、Eの隣の部屋にはGが住んでいる」を図示します。

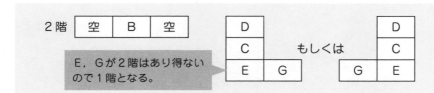

図より、E, Gは1階か2階が考えられますが、2階だとするとB, E, Gの3人になってしまい、人数をオーバーしてしまうので（2階は空き室が2つ確定しているので最大2人まで）、あり得ません。したがって、E, Gは1階となります。Bと組み合わせると次の2つの位置関係が考えらえます。

ブロック図で大枠を作ろう！
順序関係の解法と似ています。

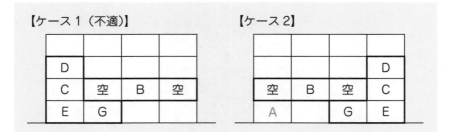

しかし、ケース1では1番目の条件「Aは1階の1号室に住んでいる」を満たすことができないのでケース2の場合が妥当です。

最初の条件「他の階で1号室に住んでいるのは、Hのみである」より、Hは3階か4階の1号室に住んでいます。また、「Fは2号室に住んでおり、Cより上の階に住んでいる」よりFは3階か4階の2号室に住んでいます。最後の条件「F, G, Hの3人はそれぞれ異なる階に住んでいる」より、F, Hの位置関係は次の2通りが考えられます。

H			
	F		D
	B		C
A		G	E

	F		
H			D
	B		C
A		G	E

*空白は空き部屋になります。

　２つともあり得ますが、その中で確実にいえるのは肢３「Ｈの隣の部屋は空室である」です。

正解 3

 　例題の考え方を類題にも使ってみよう！

　図のような待合室で、Ａ〜Ｊの客 10 人が、①〜⑩の座席に１人ずつ、テレビのある方向を向いて座っている。次のア〜オのことがわかっているとき、確実にいえることとして、最も妥当なのはどれか。

ア　ＡとＩは隣同士に座っている。
イ　ＣはＤの真後ろの座席の隣に座っている。
ウ　ＤとＧは隣同士で、かつＤとＧを間に挟みこむ形でその両隣にＢとＩが座っている。
エ　Ｅの両隣にはＪとＣが座っている。
オ　ＦはＡの真後ろの座席の隣に座っている。

1. ①にはＡが座っている。
2. ③にはＧが座っている。
3. ⑤にはＢが座っている。
4. ⑧にはＣが座っている。
5. ⑩にはＨが座っている。

STEP 1　前と後ろのグループに分けよう

　条件オ「ＦはＡの真後ろの座席の隣に座っている」より、Ａは前に座っています。さらに条件ア「ＡとＩは隣同士に座っている」より、Ｉも前です。さらに条件ウ「ＤとＧは隣同士で、かつＤとＧを間に挟みこむ形でその両隣にＢとＩが座っている」より、Ｂ，Ｄ，Ｇも前です。したがって、

前：Ａ，Ｂ，Ｄ，Ｇ，Ｉ
後：Ｃ，Ｅ，Ｆ，Ｈ，Ｊ

と分けられます。

STEP 2　Ａの位置を設定しよう

　条件ウより、Ｂ，Ｄ，Ｇ，Ｉは４人で１つのかたまりとみなすことができるので、Ａは①か⑤の端っこになります。ここで、問題文に左右に関する条件が一切ないことに注目してください。左右に関する条件がなければ左右を確定することは不可能ですので、Ａが①か⑤かは絶対に確定できません。そこでＡを①と決めてしまいます。条件ア、オをつなげると次のようになります。

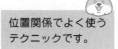

位置関係でよく使う
テクニックです。

①Ａ	②Ｉ	③	④	⑤
⑥	⑦Ｆ	⑧	⑨	⑩

STEP 3　残りを埋めよう

　条件ウ「ＤとＧは隣同士で、かつＤとＧを間に挟みこむ形でその両隣にＢとＩが座っている」より、Ｂが⑤となります。また、Ｄ，Ｇは③，④のいずれか

第3章

位置関係

となります。

　さらに条件エ「Eの両隣にはJとCが座っている」より、これを満たせるのは⑧、⑨、⑩しかありませんので、Eが⑨となります。また、C，Jは⑧、⑩のいずれかとなります。

①A	②I	③D／G	④G／D	⑤B
⑥H	⑦F	⑧C／J	⑨E	⑩J／C

　条件イ「CはDの真後ろの座席の隣に座っている」を満たすには、Dを④にするしかありません。

①A	②I	③G	④D	⑤B
⑥H	⑦F	⑧C／J	⑨E	⑩J／C

　以上のように確定します。これはA＝①の場合でしたが、A＝⑤の場合も考えられます。その場合、左右反転する形となります。

【A＝⑤の場合（A＝①の左右を反転させた場合）】

①B	②D	③G	④I	⑤A
⑥J／C	⑦E	⑧C／J	⑨F	⑩H

　いずれにおいても肢2「③にはGが座っている」は確実にいえます。

正解 2

　図のように、道路に沿って8軒の家が並んでいる。そのうち5軒はA～E
のいずれかの家であり、残り3軒は空き家である。次のことが分かっていると
き、正しいと言えるのはどれか。

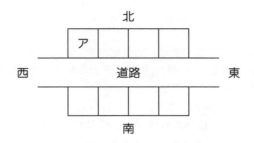

・アは空き家ではない。
・道路の北側には空き家が2軒あり、これらは隣り合っている。
・Aの家の東隣は空き家である。
・Bの家の西隣は空き家であり、Bの家の道路を挟んだ真向かいはCの家である。
・Dの家は、道路を挟んだ真向かいが空き家であり、Eの家の西側である。

1．Aの家の道路を挟んだ真向かいはEの家である。
2．Bの家とDの家は隣り合っている。
3．Cの家とEの家は隣り合っている。
4．Aの家は道路の南側である。
5．Bの家は道路の南側である。

　2番目の条件「道路の北側には空き家が2軒あり」より、空き家は北側に2
軒、南側に1軒とわかります。
　ここで、便宜上、次図のように各家をア～クとします。2番目の条件「道路
の北側には空き家が2軒あり、これらは隣り合っている」より、北側の空き家
は（イ，ウ）か（ウ，エ）です。いずれにせよ、ウの空き家は確定です。

　ここで４番目の条件「Ｂの家の西隣は空き家であり、Ｂの家の道路を挟んだ真向かいはＣの家である」を検討します。ＢとＣが入る可能性があるのは（イ，カ）か（エ，ク）のいずれかです。

　ここで、（イ，カ）と仮定します。

　１番目の条件より、アには誰か住んでいるので「Ｂの家の西隣は空き家」より、Ｂはカとなり、オが空き家となります。すると、３番目の条件「Ａの家の東隣は空き家である」を満たせるのは（キ，ク）しかありませんが、それでは南側の空き家が１軒であることに矛盾しますので不適です。

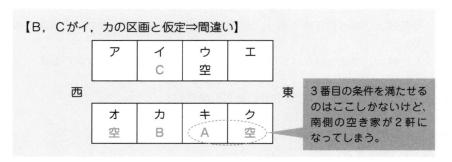

【Ｂ，Ｃがイ，カの区画と仮定⇒間違い】

３番目の条件を満たせるのはここしかないけど、南側の空き家が２軒になってしまう。

　したがって、Ｂ，Ｃは（エ，ク）の区画になります（現時点ではどちらがエ、クかは不明です）。すると、２番目の条件「道路の北側には空き家が２軒あり、これらは隣り合っている」よりイが空き家となります。

次にアを検討します。アに住んでいるのはAかDです（5番目の条件より、EはDより東側に住んでいるからあり得ません）。

　D＝アと仮定すると、5番目の条件「Dの家は、道路を挟んだ真向かいが空き家」よりオが空き家となりますが、それでは「Aの東隣が空き家」を満たせないので不適です。

　したがって、アはAが住んでいることがわかります。

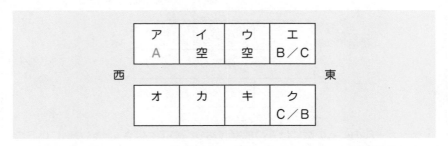

　最後に5番目の条件「Dの家は、道路を挟んだ真向かいが空き家であり、Eの家の西側である」を満たすにはDをカ、Eをキにします。Bの西隣は空き家ですから、Bをエにしましょう。

　したがって、正解は肢3「Cの家とEの家は隣り合っている」となります。

正解 3

　ある大学では、A〜Fの6つの部活が、図のように並んだ部屋を1部屋ずつ部室として使っている。A〜Fの部活はサッカー部、卓球部、テニス部、野球部、ラグビー部、陸上部である。次のことが分かっているとき、確実にいえるのはどれか。

・サッカー部の部室の隣にはAの部室があり、廊下をはさんだ向かいにはBの部室がある。
・Cの部室の隣には、卓球部の部室があり、廊下をはさんだ向かいにはDの部室がある。
・廊下で部室を3つずつに分けたとき、テニス部と野球部の部室は同じ側にある。また、テニス部の部室と廊下をはさんだ向かいにはEの部室がある。
・ラグビー部と陸上部の部室は同じ側にある。また、ラグビー部の部室と廊下をはさんだ向かいには卓球部の部室がある。

1.　Cはサッカー部である。
2.　Dは陸上部である。
3.　Dは野球部である。
4.　Fはラグビー部である。
5.　Fはテニス部である。

STEP 1　グループ分けをしよう

　この問題は「廊下」が何回も出てきますので、廊下で隔てた2グループに分けます。
　3番目の条件「テニス部と野球部の部室は同じ側にある」と4番目の条件「ラグビー部と陸上部の部室は同じ側にある」より、（テニス，野球）と（ラグビー，陸上）は異なる側に存在します（同じだとすると4つの部室が必要だから）。
　さらに4番目の条件「ラグビー部の部室と廊下をはさんだ向かいには卓球部

の部室がある」より、卓球部はラグビー部と逆の（テニス，野球）のグループ
となります。

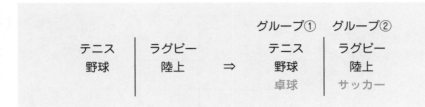

			グループ①	グループ②
テニス	ラグビー	⇒	テニス	ラグビー
野球	陸上		野球	陸上
			卓球	サッカー

　さらに、1番目の条件「サッカー部の部室の隣にはＡの部室があり、廊下を
はさんだ向かいにはＢの部室がある」より、Ａはグループ②、Ｂは①となりま
す。次に2番目の条件「Ｃの部室の隣には、卓球部の部室があり、廊下をはさ
んだ向かいにはＤの部室がある」より、Ｃは①、Ｄは②となり、3番目の条件
「テニス部の部室と廊下をはさんだ向かいにはＥの部室がある」より、Ｅは②
なので残ったＦは①となります。

グループ①	グループ②		グループ①	グループ②
テニス	ラグビー		テニス	ラグビー
野球	陸上	⇒	野球	陸上
卓球	サッカー		卓球	サッカー
			B，C，F	A，D，E

STEP2 **位置を決めよう**

　1番目の条件「サッカー部の部室の隣にはＡの部室があり、廊下をはさんだ
向かいにはＢの部室がある」より、次図のようになります。なお、この問題に
は左右に関する具体的な条件がありませんので、左右に関する場合分けは行わ
ずに検討を進めます。

グループ②	サッカー	A	
グループ①	B		

次に２番目の条件「Ｃの部室の隣には、卓球部の部室があり、廊下をはさんだ向かいにはＤの部室がある」を満たせるのは次図しかありません。

サッカー Ｅ	Ａ	Ｄ
Ｂ	卓球 Ｆ	Ｃ

空いた箇所にＥ，Ｆを埋めましょう。

ＤはＡと同じグループなので上になります。

２番目の条件より、Ｃの隣は卓球部です。

３番目の条件「テニス部の部室と廊下をはさんだ向かいにはＥの部室がある」より、テニス部＝Ｂとわかります。また、４番目の条件「ラグビー部の部室と廊下をはさんだ向かいには卓球部の部室がある」より、ラグビー部＝Ａとわかります。

サッカー Ｅ	ラグビー Ａ	Ｄ
テニス Ｂ	卓球 Ｆ	Ｃ

最後に残ったＤを陸上部、Ｃを野球部として完成です。

サッカー Ｅ	ラグビー Ａ	陸上 Ｄ
テニス Ｂ	卓球 Ｆ	野球 Ｃ

以上より、正解は肢２「Ｄは陸上部である」です。

正解 2

12 円卓の位置関係

重要度
★ ★ ★ ★ ★

円卓の位置関係は、配置の位置関係と同様に大きな枠を作るところから始めましょう。なお、多くの問題は円卓の座席に区別がついていないので、適当に誰か1人の場所を固定してから解き始めるのが一般的です。

このセクションのGoal

・円卓の位置関係を、大枠を作ってからその他の条件ですき間を埋められるようになる。

例題 12

国家一般職 2012　難易度▶ ★ ★ ★

図のように、円卓を囲んでA～Fの6人が座っている。全員、お互いに他の者が座っている位置を知っている。現在、6人のうち4人は円卓のほうを向いて座っているが、他の2人は、円卓を背にして座っている。A～Eの5人は、自分からみた場合の他の者の座り方に関して次のように発言した。このとき、**円卓を背にして**座っている者の組合せとして最も妥当なのはどれか。

A：「右隣にC、さらにその隣にFが座っている。」
B：「右隣にE、左隣にDが座っている。」
C：「左隣にF、さらにその隣にDが座っている。」
D：「右隣にB、左隣にFが座っている。」
E：「右隣にB、左隣にAが座っている。」

1. A，B
2. A，D
3. B，F
4. C，E
5. D，F

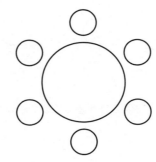

まずは 3 人分のかたまりを作れる A「右隣に C、さらにその隣に F が座っている」を固定して考えます。なお、A が円卓方向を向いているか、円卓を背にしているかで場合を分けます。

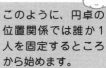
重要

このように、円卓の位置関係では誰か 1 人を固定するところから始めます。

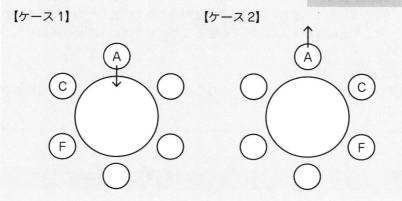

次に C「左隣に F、さらにその隣に D が座っている」をつなげます。各ケースとも C の左隣が F になるように C の向きを考慮してください。ケース 1 は背面、ケース 2 は円卓方向になります。

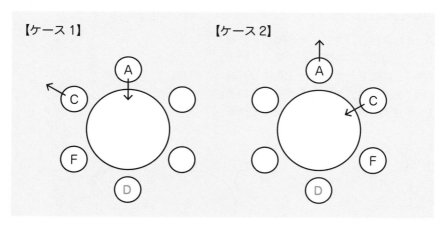

次に B「右隣に E、左隣に D が座っている」をつなげます。

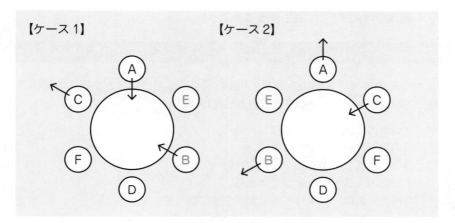

　最後にD「右隣にB、左隣にFが座っている」とE「右隣にB、左隣にAが座っている」よりD，Eの向きを決定します。

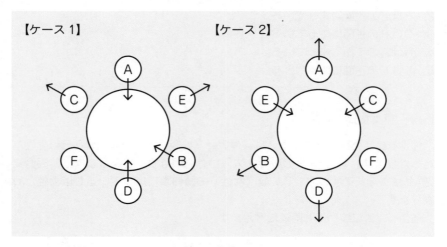

　ここで問題文「6人のうち4人は円卓のほうを向いて座っているが、他の2人は、円卓を背にして座っている」より、3人以上が背を向けているケース2は不適だとわかります。したがって、ケース1が妥当であり、背を向けているのはC，Eですので正解は肢4となります。なお、Fは円卓方向を向いるとみなすのが妥当でしょう。

正解 4

　A〜Fの6人は3組の夫婦で、1脚の円卓の6席に男女が交互に等間隔で座っており、次のア〜オのことが分かっている。

ア　Bの妻の1人置いた右隣はDである。
イ　Cの妻はAの夫の隣ではない。
ウ　Dの右隣はCである。
エ　Fの妻の1人置いた隣はEである。
オ　各組の夫婦は、いずれも夫は妻の正面に座っていない。

　以上から判断して、確実に言えるのはどれか。

1.　AはBの正面に座っている。
2.　BはEの正面に座っている。
3.　CはFの正面に座っている。
4.　DはAの正面に座っている。
5.　EはFの正面に座っている。

STEP 1　男女を分けよう

　性別を確定させます。たとえば条件ア「Bの妻」という表現からBは男性だとわかります。また、「Bの妻の1人置いた右隣はD」とありますが、問題文「男女が交互」ですので、Bの妻（女性）の隣の隣に座っているDは女性とわかります。
　条件イ、エについても同様に考えます。

　　　条件イ⇒Cは男性、Aは女性
　　　条件エ⇒Fは男性、Eは女性

A	B	C	D	E	F
女性	男性	男性	女性	女性	男性

STEP 2　夫婦の座り方を推理しよう

　条件オ「各組の夫婦は、いずれも夫は妻の正面に座っていない」より、夫婦

は正面に向かい合って座ることはありません。すると夫婦は左右どちらかに座ることになるので、いずれにせよ隣り合って座っていることがわかります。

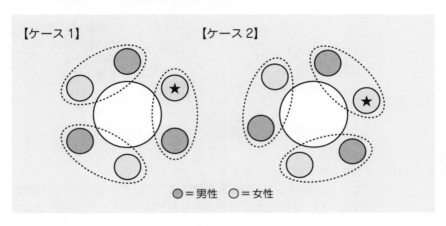

【ケース1】　　　　　　　【ケース2】

●=男性　○=女性

STEP③ 席を埋めよう

　ここで、上図★をDとします。条件ウより、右隣はCとなります。また条件ア「Bの妻の1人置いた右隣はDである」より、Dの1人置いた左隣はBの妻となります。また、ケース1, 2それぞれでBの位置もわかります（残った男性の箇所にFが入ります）。

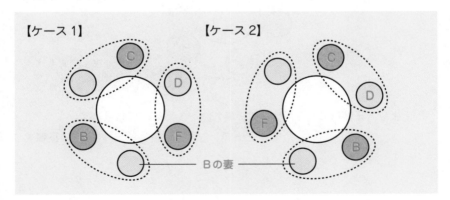

【ケース1】　　　　　　　【ケース2】

Bの妻

　ここでケース1を検討します。
　条件イ「Cの妻はAの夫の隣ではない」の表現より、Cの妻とAは別人ですから、AとCは夫婦でないことがわかります。したがって、AはBの隣（Bの妻）となり、残ったEはCの妻となりますが、これは条件イ「Cの妻（E）はAの夫（B）の隣ではない」に反していますので不適です。

【ケース1 ⇒ 間違い】

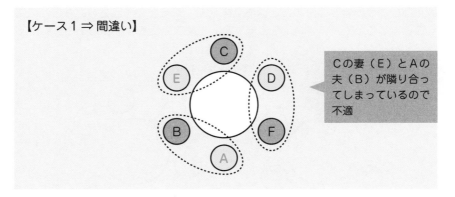

Cの妻（E）とAの夫（B）が隣り合ってしまっているので不適

したがって、妥当なのはケース2です。

ケース2では、Cの妻はDで、DはBと隣り合っているので条件イ「Cの妻はAの夫の隣ではない」を満たすにはBの妻をAではなくEにする必要があります。

【ケース2】

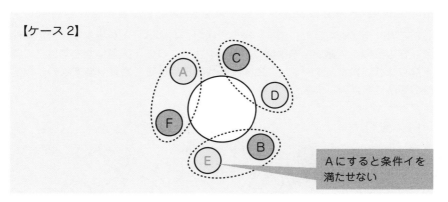

Aにすると条件イを満たせない

以上より、正解は肢1「AはBの正面に座っている」になります。

（ 正解 1 ）

セクション 13 方角の位置関係

重要度
★★★★★

方角の位置関係は何度も出てくる地点をつなげて1つの図としてまとめるのが基本解法になります。また、問題によっては図形の計量の知識が必要になります。

このセクションのGoal

・何度も出てくる地点をつなげて、1つの図にまとめられるようになる。

例題 13

特別区Ⅰ類 2015 難易度▶ ★ ★ ★

ある区にはA～Eの5か所の施設がある。今、A～Eの位置関係について、次のア～オのことが分かっているとき、確実にいえるのはどれか。

ア　Aは、Bの北西に位置している。
イ　Bは、Cの北西に位置している。
ウ　Cは、Dの南に位置している。
エ　Dは、Bの北東に位置している。
オ　Eは、Aの南、Bの南西に位置している。

1. Aは、Dの東に位置している。
2. Bは、Eの南に位置している。
3. Cは、Aの南東に位置している。
4. Dは、Eの南西に位置している。
5. Eは、Cの北東に位置している。

各条件を図示します。

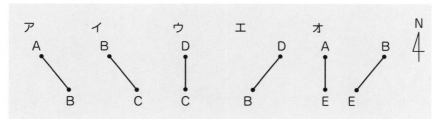

条件ア、オとイ、ウ、エをそれぞれつなげます。

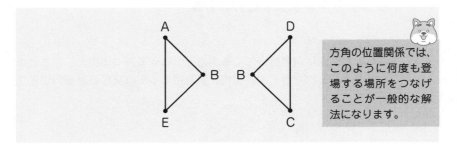

方角の位置関係では、このように何度も登場する場所をつなげることが一般的な解法になります。

　Bをつなげます。ただし、この問題は距離について何の条件も載っていないので、△BAEと△BCDの大きさは不明です。

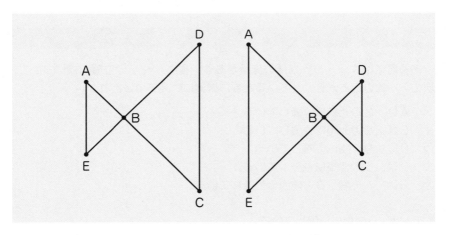

　いずれの場合においても、肢3「Cは、Aの南東に位置している」は確実にいえますのでこれが正解です。

正解 3

例題の考え方を類題にも使ってみよう!

類題	警視庁 2019　難易度▶ ★ ★ ★

　A～Fの6人の家の位置関係について以下のことがわかっているとき、確実にいえることとして、最も妥当なのはどれか。

・Aの家はDの家の南西にある。
・Bの家はAの家の真東にある。
・Bの家はCの家の北東にある。
・Dの家はBの家の北西にある。
・Eの家はDの家の真北にある。
・Fの家はEの家の真東にある。
・AD間の家の距離とEF間の家の距離は等しい。

1. Aの家はCの家の北西にある。
2. Cの家はDの家の真南にある。
3. BD間の家の距離とDE間の家の距離は等しい。
4. 6人の家の中ではCの家が最も西にある。
5. 6人の家の中ではFの家が最も東にある。

　1,2,4番目の条件より、A,B,Dをつなげます。なお、南西、北西は水平に対して45°の関係なので、△ABDは45°,45°,90°の直角二等辺三角形になります。したがって、辺の比はAD:BD:AB＝1:1:$\sqrt{2}$ となります。

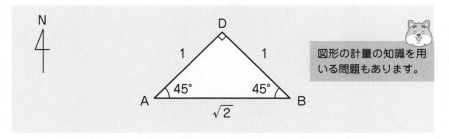

図形の計量の知識を用いる問題もあります。

　次に3番目と5番目の条件をつなげます。なお、この条件だけでは距離に関しては不明です。
　次に6番目の条件をつなげます。なお、7番目の条件より、EF＝AD＝1となります。

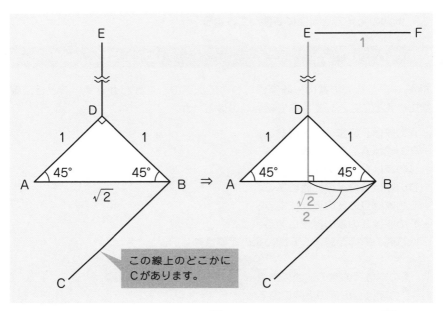

図より、BのDEからの距離は$\dfrac{\sqrt{2}}{2}$です。$\sqrt{2} \fallingdotseq 1.4$としても$\dfrac{\sqrt{2}}{2} = 0.7$ですので、EF＝1より短いです。したがって、最も東にあるのはFの家なので正解は肢5となります。

なお、C，Eの位置については確定ができないので他の選択肢については確実にいうことができません。

正解 5

第4章

発言からの推理

ポイント講義は
こちら

セクション
14 うそつき問題①

重要度
★ ★ ★ ★ ★

うそつき問題で大事なのは何と言っても「仮定」です。一部の有名問題を除けば、仮定するポイントに正解はなく、自分で探していくことになります。このセクションで紹介する問題の解説以外にも仮定ポイントはたくさんありますので是非自分で探してみてください。

このセクションのGoal

・仮定してうそつき問題を解けるようになる。

例題 14
東京都Ⅰ類B 2014　難易度▶ ★ ★ ★

　A〜Eの5人が、登山をしたときに山頂へ到着した順番について、それぞれ次のように発言している。

A　「私はDの次に到着した。」「CはEの次に到着した。」
B　「私はEの次に到着した。」「Aは最後に到着した。」
C　「私はBの次に到着した。」「EはDの次に到着した。」
D　「私は最後に到着した。」「BはEの次に到着した。」
E　「私はAの次に到着した。」「AはCの次に到着した。」

　5人の発言は一方は事実であり、他方は事実でないとすると、最初に到着した人として、正しいのはどれか。ただし、同着はないものとする。

1. A　　　2. B　　　3. C　　　4. D　　　5. E

　5人とも一方の発言が本当で、もう一方がうそなので、Aの発言の前半が本当の場合、後半が本当の場合の2つを仮定します。

> A以外で仮定しても構いません。

ケース1　Aの前半の発言が本当の場合

　「私はDの次に到着した」が本当なので、Dの前半の発言「私は最後に到着した」とEの後半の発言「AはCの次に到着した」はうそになります。

　するとEの前半の発言「私はAの次に到着した」は本当なので、Bの後半の

発言「Aは最後に到着した」及びCの後半の発言「EはDの次に到着した」はうそになります。

	前半		後半	
A	DA	○	EC	×
B	EB		A最後	
C	BC		DE	
D	D最後	×	EB	○
E	AE	○	CA	×

⇒

	前半		後半	
A	DA	○	EC	×
B	EB	○	A最後	×
C	BC	○	DE	×
D	D最後	×	EB	○
E	AE	○	CA	×

＊○→本当、×→うそ

以上より、順番はD → A → E → B → Cとなります。

ケース２　Aの後半の発言が本当の場合

　Aの後半の発言「CはEの次に到着した」より、Cの前半の発言「私はBの次に到着した」及びDの後半の発言「BはEの次に到着した」はうそになります。

　するとCの後半の発言「EはDの次に到着した（つまりDは最後ではない）」及びDの前半の発言「私は最後に到着した」は本当になりますが、Dの順番について矛盾が生じていますので不適です。

	前半		後半	
A	DA	×	EC	○
B	EB		A最後	
C	BC	×	DE	○
D	D最後	○	EB	×
E	AE		CA	

> C「EはDの次に到着した」
> D「私は最後に到着した」
> が両方本当になることはありません。

したがって、ケース１の場合が正しいので正解は肢４となります。

正解４

類題①　　　　　　　　　　　　　特別区Ⅰ類 2020　　難易度▶ ★ ★ ★

　A〜Eの5人が、ある競技の観戦チケットの抽選に申し込み、このうちの1人が当選した。5人に話を聞いたところ、次のような返事があった。このとき、5人のうち3人が本当のことを言い、2人がうそをついているとすると、確実にいえるのはどれか。

A　「当選したのはBかCのどちらかだ。」
B　「当選したのはAかCのどちらかだ。」
C　「当選したのはDかEである。」
D　「私とCは当選していない。」
E　「当選したのはBかDのどちらかだ。」

1.　Aが当選した。
2.　Bが当選した。
3.　Cが当選した。
4.　Dが当選した。
5.　Eが当選した。

　誰が当選したのかを仮定して発言の真偽を調べます。
　例えば、Aの発言「当選したのはBかCのどちらかだ」の真偽は各仮定のもと次のようになります。

	発言				
当選者	A	B	C	D	E
A（仮）	うそ				
B（仮）	本当				
C（仮）	本当				
D（仮）	うそ				
E（仮）	うそ				

　これをB〜Eに対して同様に行うと次のようになります。

	発言					
当選者	A	B	C	D	E	正直者の人数
A（仮）	うそ	本当	うそ	本当	うそ	2人
B（仮）	本当	うそ	うそ	本当	本当	3人
C（仮）	本当	本当	うそ	うそ	うそ	2人
D（仮）	うそ	うそ	本当	うそ	本当	2人
E（仮）	うそ	うそ	本当	本当	うそ	2人

　問題文「5人のうち3人が本当のことを言い」を満たすのはBが当選したと仮定した場合のみです。

　したがって、正解は肢2となります。

正解 2

類題②　　　　　　　　　　　　　　　警視庁 2014　難易度▶ ★ ★ ★ ★

　図のような5つの椅子のいずれかにA〜Eの5人が同じ方向を向いて座っている。5人は自分の座っている状況を次のように話したが、1人だけ嘘をついている。残りの4人が本当のことを言い、この4人の証言だけで5人の座っている位置がただ1通りに確定できるとき、嘘をついている人物として、正しいのはどれか。ただし、1つの椅子には1人しか座ることができないものとする。

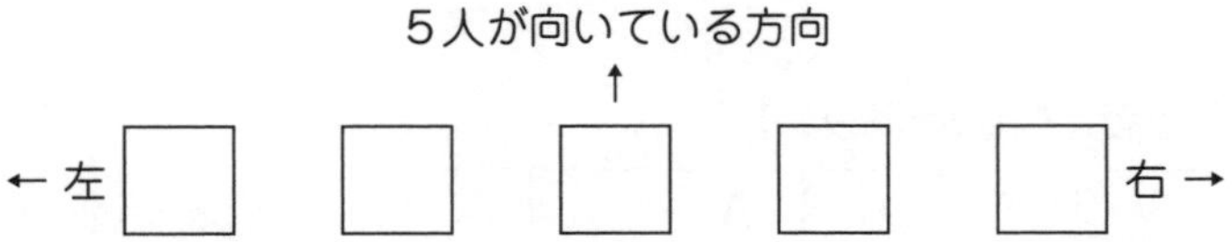

5人が向いている方向
↑

← 左 [　] 　[　] 　[　] 　[　] 　[　] 右 →

A 「わたしの隣にCが座っている」
B 「1人挟んだところにAが座っている」
C 「わたしのすぐ左にBが座っている」
D 「わたしはちょうど真ん中のところに座っている」
E 「わたしはいちばん端に座っている」

1. A　　2. B　　3. C　　4. D　　5. E

1人だけ左右について言及しているCに注目します。

仮にCがうそをついているとします。A，B，D，E が本当のことを発言していますが、4人とも左右に関する条件が一切載っていないので、5人の座り方は左右を反転させた2通り以上が考えられてしまいます。したがって問題文「5人の座っている位置がただ1通りに確定できる」に反してしまうので、「Cがうそつき」の仮定は不適となります。

> セクション11で習ったテクニックです。

ここでAが本当のことを言っていると仮定し、「BCA」と並べます。次のような位置関係が考えられます。

ケース1	B	C	A		
ケース2		B	C	A	
ケース3			B	C	A

いずれもD「わたしはちょうど真ん中のところに座っている」を満たすことができないので、この場合うそをついているのはDとなります。Eは正直者となりますが、「わたしはいちばん端に座っている」を当てはめると4通りの場合が考えられてしまい、問題文「5人の座っている位置がただ1通りに確定できる」に反してしまいます。したがって、Aが本当のことを言っているという仮定は間違っていることがわかりました。

【Aが正直者と仮定 ⇒ 間違い】

ケース1	B	C	A	D	E
ケース2	E	B	C	A	D
	D	B	C	A	E
ケース3	E	D	B	C	A

> 5人の位置を1通りに確定させることができませんでした。この時点で正解は肢1とわかります。

D，Eは正直者ですので次の2通りが考えられます。

ケース甲			D		E
ケース乙	E		D		

ここに正直者Cの発言を加えると次のようになります。

ケース甲	B	C	D	A	E
ケース乙	E	A	D	B	C

　しかし、ケース甲の場合はA，B２人の発言がうそになってしまいますので、正直者が４人いるという題意に反します。

ケース甲	B	C	D	A	E
ケース乙	E	A	D	B	C

　正しいのはケース乙です。うそをついているのはAですので正解は肢１となります。

正解 1

類題③　　　　　　　　　国家総合職教養区分 2013　　難易度▶ ★ ★ ★

　青、赤、白、黄の４枚の紙があり、それぞれに１〜４の異なる数字のいずれかが書いてある。それぞれの紙に書いてある数字について、A〜Dの４人がそれぞれ次の四つの発言をしたが、いずれの者の発言も二つは正しく二つは事実に反している。このとき、青の数字と赤の数字の和はいくらになるか。

A：「青は１である。」「赤は２でない。」「白は２でない。」「黄は２でない。」
B：「青は２である。」「赤は２でない。」「白は１でない。」「黄は３でない。」
C：「青は２である。」「赤は２である。」「白は３である。」「黄は１でない。」
D：「青は３である。」「赤は２である。」「白は４である。」「黄は４でない。」

1.　3　　　2.　4　　　3.　5　　　4.　6　　　5.　7

　正しい発言の総数について考えます。4人とも2つずつ正しい発言があるので、正しい発言は全部で8つあります。

　今度は正しい発言を色ごとに見ていきます。

　赤についての発言は、A，Bは「赤は2でない」、C，Dは「赤は2である」と相反しているので、どちらかが正しいです。つまり、赤についての正しい発言は2つあることになります。

　黄色についての発言は4人が「1でない」「2でない」「3でない」「4でない」と発言していますが、実際は1〜4のどれかではあるので、3つの発言が正しくなります。

　ここまでを表に整理します。

	青	赤	白	黄	正しい発言
A	青＝1	赤≠2	白≠2	黄≠2	2つ
B	青＝2	赤≠2	白≠1	黄≠3	2つ
C	青＝2	赤＝2	白＝3	黄≠1	2つ
D	青＝3	赤＝2	白＝4	黄≠4	2つ
正しい発言		2つ		3つ	8つ

　青と白については、合わせて8−（2＋3）＝3つ正しい発言があります。

　白については、白＝1であればAの1つ、白＝2であればBの1つ、白＝3であればA，B，Cの3つ、白＝4であればA，B，Dの3つ正しい発言がありますので、白の正しい発言の個数は1つか3つです。つまり、青、白の正しい発言の個数は（青，白）＝（2，1）もしくは（0，3）ですので、場合を分けて検討します。

ケース1（青，白）＝（2，1）のとき

　青についてB，Cの発言が正しいので青＝2となります。ここでAの発言に注目してください。青＝2では赤、白、黄3色に関する発言が正しくなってしまい「いずれの者の発言も二つは正しく二つは事実に反している」を満たすことができません。

　したがって、ケース1は不適となります。

【ケース１⇒不適】

	青＝２	赤	白	黄	正しい発言
A	青＝１	赤≠２	白≠２	黄≠２	２つ
B	青＝２	赤≠２	白≠１	黄≠３	２つ
C	青＝２	赤＝２	白＝３	黄≠１	２つ
D	青＝３	赤＝２	白＝４	黄≠４	２つ
正しい発言	２つ	２つ	１つ	３つ	８つ

ケース２（青，白）＝（０，３）のとき

青については４人とも事実に反しているので青＝４となります。つまりＤの発言「白＝４」は事実に反しているので、白＝３となります。

また、Ｄの発言は青、白が事実に反しているので残り２色の赤、黄について正しいことがわかります。したがって赤＝２となります。

黄色は残った１なので、Ｃの発言が事実に反し、それ以外の３人は正しいことがわかります。

	青＝４	赤＝２	白＝３	黄＝１	正しい発言
A	青＝１	赤≠２	○白≠２	○黄≠２	２つ
B	青＝２	赤≠２	○白≠１	○黄≠３	２つ
C	青＝２	○赤＝２	○白＝３	黄≠１	２つ
D	青＝３	○赤＝２	白＝４	○黄≠４	２つ
正しい発言	０	２つ	３つ	３つ	８つ

４人とも２つの発言が正しいので、矛盾もありません。

以上より、青＝４，赤＝２ですので和は６となります。

したがって、正解は肢４となります。

正解 4

セクション
15 うそつき問題②

重要度
★ ★ ★ ★ ★

「〇〇はうそつきだ」という発言に対しては有名な処理の仕方があります
ので覚えてしまいましょう。

このセクションのGoal

・「〇〇はうそつきだ」から推理できるようになる。

基礎知識

【「お前はうそつきだ」と言われたら】

　正直者とうそつきの2つのグループがあるとします。「お前はうそつきだ」
と言った側と言われた側は必ず異なるグループになります。

（注意）「お前たちはうそつきだ」と複数人に言った場合はその限りではありま
せん。

どちらのグループか確定することはできないが、
2人は必ず異なるグループになる

　A 〜 E の 5 人がそれぞれ次のように発言している。うそつきは必ずうそを言い、うそつきでなければ必ず本当のことを言う。このとき、5 人の中にいるうそつきの人数として確実に言えるのものはどれか。

A 「私はうそつきではありません。」
B 「5 人の中にうそつきは 1 人以上います。」
C 「5 人の中にうそつきは 2 人以上います。」
D 「5 人の中にうそつきは 3 人以上います。」
E 「C はうそつきです。」

1. 0 人　　　2. 1 人　　　3. 2 人　　　4. 3 人　　　5. 4 人

STEP**1**　C，E の関係から B がうそつきでない（正直者）ことを証明しよう

　うそをついていない人を「正直者」（○）と表記します。
　E の発言「C はうそつきです」より、（C，E）＝（正直者，うそつき）、（うそつき，正直者）のいずれかが考えられます。いずれにせよ、うそつきは少なくとも 1 人いるので B の発言「5 人の中にうそつきは 1 人以上います」は本当です。

	A	B	C	D	E
ケース甲		○	○		×
ケース乙		○	×		○

STEP**2**　C が正直者であることを証明しよう

　ここで、ケース乙について考えます。すると C の発言「5 人の中にうそつきは 2 人以上います」はうそなので、本当は「5 人の中にうそつきは 2 人以上いない、つまり 1 人」となります。そして、その 1 人は C 本人です。
　ここで、D に注目します。うそつきは 1 人でそれは C なので、D は正直者です。しかし、D の発言「5 人の中にうそつきは 3 人以上います」はこの仮定の下ではうそとなってしまいます。
　したがって、C がうそつきだという仮定は間違っていたのでケース甲が妥当で、C は正直者となります。

	A	B	C	D	E
ケース甲		○	○		×
ケース乙		○	×		○

Cは正直者なので、Cの発言より、うそつきは2人以上いるため、ケース甲をさらに次の3つのケースに分けます。

	A	B	C	D	E
ケース1	×	○	○	×	×
ケース2	○	○	○	×	×
ケース3	×	○	○	○	×

ケース1，2のDに注目してください。Dはうそつきなので、本当の発言は「5人の中にうそつきは3人以上いない、つまり1人もしくは2人だ」となります。しかし、ケース1の場合うそつきが3人いるので不適です。ケース2の場合はうそつきが2人なので問題ありません。

ケース3の場合、Dが正直者ですがうそつきは2人しかいないので不適です。

	A	B	C	D	E
ケース1	×	○	○	×	×
ケース2	○	○	○	×	×
ケース3	×	○	○	○	×

したがってうそをついているのはD，Eの2人なので正解は肢3となります。

正解 3

例題の考え方を類題にも使ってみよう！

　サッカー場にいたA，B，C，Dと野球場にいたE，F，Gの計7人が次のような発言をした。このうち2人の発言は正しく、残りの5人の発言は誤っているとき、正しい発言をした2人の組合せとして、確実にいえるのはどれか。ただし、7人のうちラーメンが好きな人は2人である。

A 「Cの発言は誤りである。」
B 「サッカー場にいた4人はラーメンが好きではない。」
C 「Aはラーメンが好きである。」
D 「A，Cの発言はいずれも誤りである。」
E 「ラーメンが好きな2人はいずれもサッカー場にいた。」
F 「私はラーメンが好きではない。」
G 「E，Fの発言のうち少なくともいずれかは正しい。」

1. A　B　　　2. A　G　　　3. B　F　　　4. E　D　　　5. F　G

STEP1　A，C，Dを推理する

　Aの発言「Cの発言は誤りである」より、A，Cは異なるグループになります。したがってDの発言「A，Cの発言はいずれも誤りである」は誤りだとわかります。

	サッカー場				野球場		
	A	B	C	D	E	F	G
ケース1	○		×	×			
ケース2	×		○	×			

STEP2　E，F，Gを推理する

　Gの発言「E，Fの発言のうち少なくともいずれかは正しい」を検討します。E，Fの発言の真偽におけるGの発言の真偽は次の通りです。

	E	F	Gの真偽
①	○	○	○
②	○	×	○
③	×	○	○
④	×	×	×

　①～③の場合はE，F，Gのうち2人以上が正しい発言をしていることになります。しかし、AもしくはCのうち1人は正しいので、これでは正しい発言をしているのが合わせて3人以上となってしまい、問題文「2人の発言は正しく」に反しますので不適です。よって、④の組合せが妥当ですのでE，F，Gの3人の発言は誤っています。

　正しいのは2人なので、残ったBを正しいものとしましょう。

	サッカー場				野球場		
	A	B	C	D	E	F	G
ケース1	○	○	×	×	×	×	×
ケース2	×	○	○	×	×	×	×

STEP③ **正しい2人を求める**

　正しい発言をしているBの発言「サッカー場にいた4人はラーメンが好きではない」より、A，B，C，Dはラーメンが好きではありません。するとCの発言「Aはラーメンが好きである」は誤りとなります。したがって妥当なのはケース1となります。

　以上より、正解は肢1となります。

正解 1

16 「わからない」の推理

重要度
★ ★ ★ ★ ★

このセクションでは、問題文に「わからない」という発言があったとき の対処法を紹介します。

このセクションのGoal

・「わからない」という発言があったとき、「わかる」場合を挙げて推理できる ようになる。

基礎知識

【「わからない」と言われたら】
①その逆の、「わかる」場合を挙げる。
②実際は「わからない」ので、その「わかる」場合を削除して残った場合をヒントとして検討する。
　詳しくは、問題で解説します。

例題 16

特別区Ⅰ類 2007 ／ 難易度▶ ★ ★ ★

　　A～Cの3人で、カードの色を当てる推理ゲームをしている。3人に1枚ずつカードを配り、A，B，Cの順に自分のカードの色について聞いたところ、Aは「分からない」、BとCは「分かった」と答えた。今、次のア～オのことが分かっているとき、A～Cのカードの色の組合せとして、妥当なのはどれか。

ア　カードの色は赤か黒で、3枚のうち少なくとも1枚は赤である。
イ　3人とも自分のカードの色は見えないが、他の2人のカードの色は見える。
ウ　Aは、見えるカードだけを根拠に推理する。
エ　Bは、見えるカードとAの発言を根拠に推理する。
オ　Cは、見えるカードと、AとBの発言を根拠に推理をする。

```
      A      B      C
1.    赤     赤     赤
2.    赤     赤     黒
3.    赤     黒     黒
4.    黒     赤     赤
5.    黒     黒     赤
```

　Aの視点で見たとき、B，Cの色は次の4通りがあります。このうち①の場合は条件ア「3枚のうち少なくとも1枚は赤である」より、Aは自分が赤だとわかってしまうのであり得ません。

	B	C	Aの発言
①	黒	黒	わかる
②	黒	赤	わからない
③	赤	黒	わからない
④	赤	赤	わからない

①の場合のAの心の中
「少なくとも1枚は赤なのに、B，Cが黒……ってことは、私は赤だ！！」
⇒実際はわかっていないので①は削除

　次にBの視点で考えます。Bは条件エ「Bは、見えるカードとAの発言を根拠に推理する」より、B，Cの組合せが②〜④のいずれかであると気づいています。そのうえで、Cが赤だとするとBは②，④の可能性が考えられてしまうので「わからない」となります。一方、Cが黒であれば③の可能性しかないのでBは「（赤だと）わかった」と発言します。

　したがって、③より（B，C）＝（赤，黒）となります。

　Aに関しては確定ができませんが、（B，C）＝（赤，黒）は肢2しかないのでこれが妥当となります。

正解2

| 類題 | 東京消防庁 2010　難易度▶ ★ ★ ★ |

　ある学校の体育の授業で、Ａ～Ｄの４人の生徒がＡ，Ｂ，Ｃ，Ｄの順に前を向いて縦一列に並んでいるところ、先生が４人の生徒に、赤い帽子４つ、白い帽子３つのうちから任意に１つを選んでかぶせた。生徒は、自分より前に並んでいる人の帽子の色はわかるが、自分自身と自分より後ろに並んでいる人の帽子の色はわからない。Ｄ，Ｃ，Ｂの順に、自分の帽子の色がわかるかどうかを問うと、３人とも「わからない」と答えた。３人の返事を聞いていたＡが「自分の帽子の色がわかった」と答えた。４人全員が最初にあった帽子の数と色の内訳を知っており、自分より後ろの人の発言の内容を参考にして答えたことがわかっているとき、Ａ～Ｄの帽子の色に関して言えることとして、最も妥当なのはどれか。

1. Ａ，Ｂのどちらか１人の帽子の色は白色である。
2. Ａの帽子の色は赤色である。
3. Ｂ，Ｃのどちらか１人の帽子の色は赤色である。
4. Ｃの帽子の色は赤色である。
5. Ｄの帽子の色は白色である。

STEP1　Ｄの「わかる」場合を考えよう

　まずＤから考えます。「わからない」と言われたらその逆の「わかる」状況を考えます。
　「赤い帽子４つ、白い帽子３つ」より、Ａ，Ｂ，Ｃ３人が３つしかない白い帽子をかぶっていたら、Ｄは残りの赤だとわかります。

【Ｄが「わかる」場合】

Ａ	Ｂ	Ｃ	Ｄ
白	白	白	赤

Ｄの心の中
「３つしかない白い帽子をＡ，Ｂ，Ｃがかぶっている…ってことは、私は赤だ！！」
⇒実際はわかっていないので「前３人とも白」は削除

　しかし現実は「わからない」わけですから、「『Ａ，Ｂ，Ｃ３人とも白』はない」ということがわかります。なお、問題文「自分より後ろの人の発言の内容を参考にして」より、Ｃはそれに気づいています。

第4章

発言からの推理

CはDの発言から「『A，B，C3人とも白』はない」ことに気づいています。それを踏まえてCが「わかる」とは、A，Bが2人とも白のときです。

【Cが「わかる」場合】

A	B	C
白	白	赤

Cの心の中
「『A，B，C3人とも白』はないのに、A，Bは白……ってことは、私は赤だ！」
⇒実際はわかっていないので「A，B2人とも白」は削除

しかし実際は「わからない」わけですから、「『A，B2人とも白』はない」ことがわかります。つまりA，Bは次の3パターンが考えられることになります。

	A	B
①	赤	赤
②	赤	白
③	白	赤

Bは、A，Bの組合せが①～③しかないことに気づいています。

A＝白は③しかないので、Bは「③しか考えられないから自分は赤だと『わかる』」となります。

しかし、実際はわかっていないので、③を除外します。残った可能性は①，②ですから、いずれにせよA＝赤とわかります。

したがって、正解は肢2となります。なお、この問題はB，C，Dの色を確定させることはできません。

正解 2

第5章

試合

ポイント講義は
こちら

勝敗を題材にした試合の問題は、決まった出題形式や解法はなく、「推理」「仮定」「可視化」を駆使して解いていくことになります。このセクションで紹介するリーグ戦（総当たり戦）は、リーグ表（対戦結果表）を用いて解くことが多いので「可視化」が活躍します。

このセクションの Goal

・リーグ戦の問題を、リーグ表で可視化して解けるようになる。

例題 17　　　　　　　　　　　　　東京都Ⅰ類B 2020　難易度▶ ★ ★ ★

　A～Fの6チームが、総当たり戦で野球の試合を行い、勝数の多い順に順位をつけたところ、次のことが分かった。

ア　Aチームは、Bチームに勝ったがCチームに負け、3勝2敗であった。
イ　Bチームは、EチームとFチームに負けた。
ウ　Cチームは、最下位のチームに負け、3勝2敗であった。
エ　Dチームは、Aチームに負けたがBチームとFチームに勝った。
オ　Eチームは、Cチームに勝ち、4勝1敗であった。
カ　Fチームは、最下位のチームよりも勝数が1勝だけ多かった。
キ　引き分けの試合はなかった。

　以上から判断して、確実にいえるのはどれか。

1.　Aチームは、Eチームに勝った。
2.　Bチームは、Cチームに負けた。
3.　Cチームは、Dチームに負けた。
4.　Dチームは、Eチームに負けた。
5.　Eチームは、Fチームに勝った。

　条件からわかることを次のリーグ表にまとめます。
　なお、表より4敗が確定しているBが最下位であることがわかります（表よりDも2勝以上が確定しているので、4敗のチームはB以外存在しません）。

したがって、条件ウよりCは最下位のBに負け、条件カよりFは最下位のBより1勝多い2勝3敗となります。

	A	B	C	D	E	F	勝－負
A		○	×	○			3－2
B	×		○	×	×	×	1－4
C	○	×			×		3－2
D	×	○				○	
E		○	○				4－1
F		○		×			2－3

［表の見方］
「AはBに勝った」を表します。

逆に「BはAに負けた」を表します。

Cに注目します。Cは3勝2敗ですが、表より、2敗はBとEによるものとわかるので、D，Fには勝っています。

	A	B	C	D	E	F	勝－負
A		○	×	○			3－2
B	×		○	×	×	×	1－4
C	○	×		○	×	○	3－2
D	×	○	×			○	
E		○	○				4－1
F		○	×	×			2－3

次にDの勝敗数を考えます。まず、表よりこのリーグ戦は全部で15試合あります。また条件キより引き分けはないので、6チームの勝ち数の合計＝全試合数＝15です。既に勝敗数が判明しているA，B，C，E，Fの勝ち数の合計は3＋1＋3＋4＋2＝13（勝）ですから、Dの勝ち数は15－13＝2（勝）とわかります。

	A	B	C	D	E	F	勝ー負
A		○	×	○			3－2
B	×		○	×	×	×	1－4
C	○	×		○	×	○	3－2
D	×	○	×		×	○	2－3
E	○	○	○	○			4－1
F		○	×	×			2－3

　これ以上勝敗を確定させることはできませんが、肢4「Dチーム は、Eチームに負けた」は確実にいえます。

正解 4

 例題の考え方を類題にも使ってみよう！

　A〜Fの6人が柔道の総当たり戦を行った。今、その途中経過と最終結果の一部について、次のア〜キのことが分かっているとき、この総当たり戦の最終結果について確実にいえるのはどれか。ただし、同じ相手との対戦は1回のみとする。

ア　Aは、1試合終了時点で0勝1敗であった。
イ　Bは、2試合終了時点で1勝1敗であった。
ウ　Cは、4試合終了時点で、Bに勝ち2勝2敗であった。
エ　Dは、2試合終了時点で、Aに勝ち1勝1敗であった。
オ　Eは、2試合終了時点で2勝0敗であった。
カ　Fは、2試合終了時点で、Cに敗れ1勝1敗であった。
キ　総当たり戦の終了時点で引き分けた試合はなく、同じ勝敗数の人はいな
　　かった。

1. Bは、2位であった。　　2. Cは、3位であった。
3. Dは、4位であった。　　4. Bは、Fに勝った。
5. Cは、Dに勝った。

条件からわかることをリーグ表に整理します。

	A	B	C	D	E	F	勝−負	途中経過
A				×				0 − 1
B			×					1 − 1
C		○				○		2 − 2
D	○							1 − 1
E								2 − 0
F			×					1 − 1

　条件キ「総当たり戦の終了時点で引き分けた試合はなく、同じ勝敗数の人はいなかった」に注目してください。勝敗数の組合せは、

　　　　（勝，負）＝（5，0）（4，1）（3，2）（2，3）（1，4）（0，5）

の6通りです。つまりA～Fの6人に、この6通りが1つずつ振り分けられます。ここで、途中経過に注目してみると、1勝も挙げていないのはAだけですから、（勝，負）＝（0，5）はAしか考えられません。同様に、（勝，負）＝（5，0）は唯一0敗のEしかあり得ません。

　ここまでを各条件と合わせてリーグ表に整理します。

	A	B	C	D	E	F	勝−負	途中経過
A		×	×	×	×	×	0 − 5	0 − 1
B	○		×		×			1 − 1
C	○	○			×	○		2 − 2
D	○				×			1 − 1
E	○	○	○	○		○	5 − 0	2 − 0
F	○		×		×			1 − 1

　ここでCに注目してください。途中経過より、Cは2敗以上が確定していますが、表よりDに負けないと成り立たないのでCはDに負けたとするのが妥当です。

	A	B	C	D	E	F	勝−負	途中経過
A		×	×	×	×	×	0−5	0−1
B	○		×		×			1−1
C	○	○		×	×	○	3−2	2−2
D	○		○		×			1−1
E	○	○	○	○		○	5−0	2−0
F	○		×		×			1−1

次に（勝，負）＝（4，1）の人を考えましょう。表より、B，Fは既に2敗が確定しているので残ったDしか考えられないです。

	A	B	C	D	E	F	勝−負	順位
A		×	×	×	×	×	0−5	6位
B	○		×	×	×			
C	○	○		×	×	○	3−2	3位
D	○	○	○		×	○	4−1	2位
E	○	○	○	○		○	5−0	1位
F	○		×	×	×			

B，Fに関しては確定できませんが、肢2「Cは、3位であった」は確実にいえます。

正解 2

セクション

18 トーナメント戦

重要度
★ ★ ★ ★ ★

前回のリーグ戦に続き今回のトーナメント戦（勝ち抜き戦）も決まった
出題形式や解法は存在しないので、「推理」「仮定」「可視化」を駆使し
て解くことになります。

このセクションのGoal

・「推理」「仮定」「可視化」を駆使してトーナメント戦の問題を解けるように
なる。

第5章

試合

例題 18

特別区Ⅰ類 2016　　難易度▶ ★ ★ ★

A～Hの8チームが、次の図のようなトーナメント戦で、ラグビーの試合を
行った。今、トーナメント戦の結果について、次のア～ウのことが分かってい
るとき、確実にいえるのはどれか。ただし、引き分けた試合はなかった。

ア　Bは、Fに負けた。
イ　Dは、Cと対戦した。
ウ　Eは、Fに勝ったが、Aに負けた。

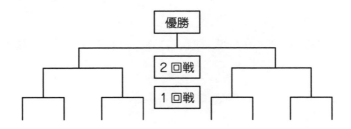

1. Bは、2回戦で負けた。　　2. Cは、Aと対戦しなかった。
3. Dは、1回戦に勝った。　　4. Eは、Hと対戦した。
5. Gは、1回戦で負けた。

条件ア、ウにFが登場することに注目します。Fは少なくとも2回戦ってい
るので1回戦は勝っています。しかし条件ウ「Eは、Fに勝ったが、Aに負け

121

た」より、Fは決勝には進出できていないので、1回戦でB vs Fを行いFが
勝ち、2回戦でE vs Fを行いEが勝ち、決勝でA vs Eを行いAが勝ったと考
えるのが妥当です。

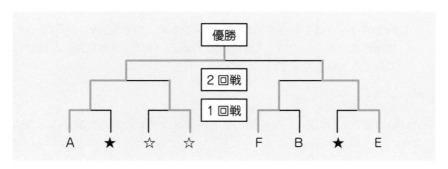

すると条件イ「Dは、Cと対戦した」を満たせるのは上図☆のみとなります。
なお、C，Dどちらが勝ったかはわかりません。さらに★にはG，Hのいずれ
かが入ります。

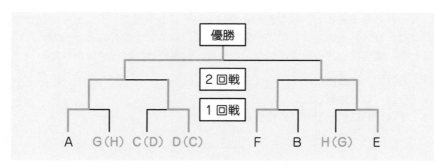

Gの位置は確定できませんが、肢5「Gは、1回戦で負けた」は確実にいえ
ます。

正解 5

 例題の考え方を類題にも使ってみよう！

類題	国家一般職 2020	難易度 ★ ★ ★

A～Jの10人は、将棋のトーナメント戦を行った。トーナメントの形式は
図のとおりであり、空欄にはG～Jのいずれかが入る。次のことが分かって
いるとき、確実にいえるのはどれか。

○　ちょうど 2 勝したのは 3 人であった。
○　BとIＩは準決勝で対戦し、その勝者は優勝した。
○　Ｆは、ＥともＪとも対戦しなかった。
○　ＧとＨはそれぞれ 1 試合目で負けたが、Ｈはその試合で勝っていたら次は
　　準決勝であった。

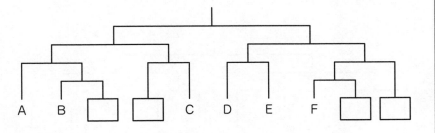

1.　ちょうど 1 勝したのは 1 人であった。
2.　ＧはＣに負けた。
3.　Ｆは準優勝であった。
4.　ＩはＤと対戦した。
5.　Ｊは 1 試合目で勝った。

STEP1　勝ち数を推理しよう

　図より、このトーナメント戦は全部で 9 試合あります。引き分けはないので、

$$勝ち数の合計 = 全試合数 = 9$$

となります。

　ここで優勝者の勝ち数を推理します。ＢやＦのように 1 回戦から勝ち上がって優勝するには 4 勝しなくてはいけません。しかし、それでは 1 番目の条件「ちょうど 2 勝したのは 3 人であった」より、合計の勝ち数が 2 ＋ 2 ＋ 2 ＋ 4 ＝ 10（勝）となってしまうので不適です。

　つまり、優勝者は 2 回戦から勝ち上がり 3 勝したことがわかり、1 番目の条件と合わせて勝った人は 4 人おり、勝ち数の内訳は（2，2，2，3）となります。

STEP2　Ｇ～Ｊを埋めよう

　便宜上、空欄を①～④とします。

2番目の条件「BとⅠは準決勝で対戦し」より、Ⅰは②で、初戦（2回戦）でCと対戦して勝利しています。さらに4番目の条件「GとHはそれぞれ1試合目で負けたが、Hはその試合で勝っていたら次は準決勝であった」より、Hは②か④ですが、②はⅠですのでHは④となります。

　3番目の条件「Fは、EともJとも対戦しなかった」より、Jは③ではなく①となります（残ったGが③になります）。

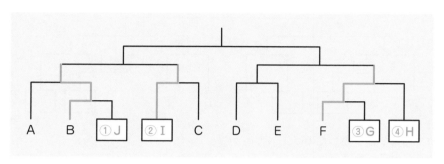

STEP 3　トーナメント図を埋めよう

　準決勝のB vs Ⅰを考えます。条件より勝ったほうが優勝ですが、先ほど解説した通りBは優勝していない（4勝してしまうから）ので、勝ったのはⅠとなり、決勝も勝って全部で3勝します。

　次にFに注目します。1回戦から勝ち上がっているFは決勝に進むことはないので（3勝してしまうから）準決勝で負けています。相手は3番目の条件「Fは、EともJとも対戦しなかった」より、EではなくDです。

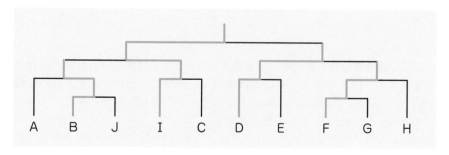

　2番目の条件より、Ⅰは優勝しています。確実にいえるのは、肢4「ⅠはDと対戦した」です。

正解 4

第6章

その他推理

ポイント講義は
こちら

このセクションでは「対応関係」や「位置関係」のようにカテゴライズできない、その他の判断推理を紹介します。類題を繰り返し解いてパターン性の強い問題の解法を覚えるという本書の意図からは多少脱線してしまいますが、「推理」「仮定」「可視化」の練習になるので掲載しました。出題頻度もそこそこ高いので重要度も高いです。

このセクションの Goal

・非典型的な判断推理を、「推理」「仮定」「可視化」を駆使して解けるようになる。

例題 19

特別区Ⅰ類 2017　難易度 ▶ ★ ★ ★

　海か山のどちらかに行きたいA～Eの5人がいる。今、意見調整を次のア～ウの順に行い、最終的に5人全員が海に行くことでまとまったとき、確実にいえるのはどれか。ただし、それぞれの意見調整では、3人の中で意見の一致する2人の説得により、他の1人が意見を変えた。

ア　1回目は、A，B，Cで行った。
イ　2回目は、A，C，Dで行った。
ウ　3回目は、B，D，Eで行った。

1. 最初は海に行きたい者が2人、山に行きたい者が3人であった。
2. 最初、Bは山に行きたい意見を持っていた。
3. 最初、Cは山に行きたい意見を持っていた。
4. 調整の結果、Dは自分の意見を2回変えた。
5. Eの最初の意見は、海であったか山であったかはわからない。

　3回で意見調整が終わっていますが、これがどういうことかを推理します。「それぞれの意見調整では、3人の中で意見の一致する2人の説得により、他の1人が意見を変えた」より、必ず各回とも1人が意見を変えることになります。3回で意見調整が終わるということは、スタート時点で海派は2人いて、1回

の調整ごとに山派を海派に変えて、3回で5人にしたということです（念のため、解説の最後に詳しい理由を示しておくので参照してください）。

この時点で肢1が正解であることがわかります。

		スタート		1回目 終了		2回目 終了		3回目 終了	
海	山	2	3	3	2	4	1	5	0

移り変わりは次のようになります。

	意見調整参加			不参加	
1回目	海	海	山→海	山	山
2回目	海	海	山→海	山	海
3回目	海	海	山→海	海	海

1回目、意見調整に参加したA，B，Cのうち誰が山派だったかはわかりませんが、不参加のD，Eは山派であったことがわかります。

	意見調整参加			不参加	
1回目	?海	?海	?山→海	D山	E山
2回目	A海	C海	D山→海	E山	B海
3回目	B海	D海	E山→海	A海	C海

以上より、確実にいえるのは肢1「最初は海に行きたい者が2人、山に行きたい者が3人であった」になります。

正解 1

【参考】

　なぜ（海，山）＝（2，3）なのでしょうか？ ここで、（海，山）＝（4，1），
（3，2）が正しいと仮定してみます。

　（海，山）＝（4，1）の場合、「それぞれの意見調整では、3人の中で意見の
一致する2人の説得により、他の1人が意見を変えた」より、1回目で海派の
2人が山派を説得し、全員海派になってしまうので不適です。

		スタート		1回目 終了		2回目 終了		3回目 終了	
海	山	4	1	5	0				

　（海，山）＝（3，2）の場合、1回目で山派2人が説得すると、3回終了時に
（海，山）＝（5，0）にできないので不適です。

　また、1回目で海派2人が説得すると、2回目で（海，山）＝（5，0）になっ
てしまうので不適です。

		スタート		1回目 終了		2回目 終了		3回目 終了	
海	山	3	2	2	3	3	2	4	1
海	山	3	2	4	1	5	0		

　以上より、（海，山）＝（4，1），（3，2）の可能性が排除されたので（海，山）
＝（2，3）しかあり得ないと結論を導くことができました。

| 類題 | 国家一般職 2023 | 難易度▶ ★ ★ ☆ |

赤色、青色、黄色、緑色の4色のビー玉が2個ずつ、計8個ある。これを
A〜Dの4人が2個ずつもらったところ、各人は他の3人のうち2人と同じ
色のビー玉を持っていた。AとBが赤色のビー玉をもらい、Cが青色と黄色の
ビー玉をもらったことが分かっているとき、確実にいえるのはどれか。

1. Aは、青色のビー玉をもらった。
2. Aは、黄色のビー玉をもらった。
3. Bは、Dと同じ色のビー玉をもらった。
4. Bは、青色のビー玉をもらった。
5. Dは、緑色のビー玉をもらった。

「各人は他の3人のうち2人と同じ色のビー玉を持っていた」を推理します。
色を●，▲，◆，★で表したとき、次のような関係になります。

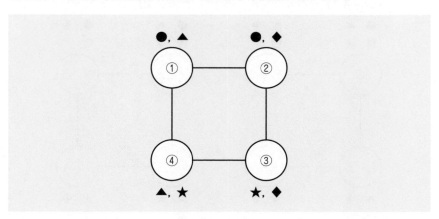

図より、対角の人（①と③，②と④）の持っているビー玉は2色とも異なる
ことがわかります。そこで、「Cが青色と黄色」より、①をCとすると、対角
の③の人は赤と緑の組合せとなります。

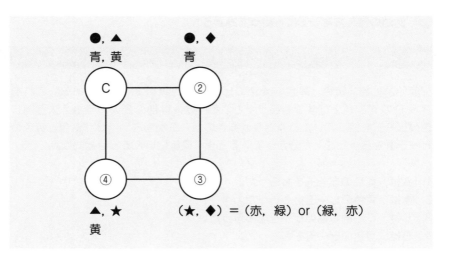

③については、（★, ◆）＝（赤, 緑）or（緑, 赤）のいずれかが考えられますので、場合を分けます。

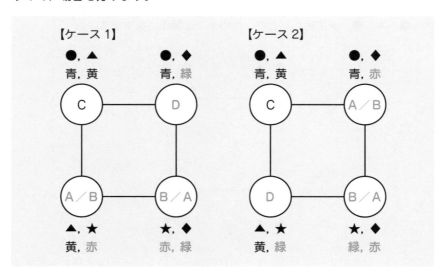

各ケースとも、赤がある箇所にAもしくはBが入ります（ただし、確定はできません）。最後に空いたところ（ケース1は②、ケース2は④）にDが入ります。

これ以上は確定できませんが、ケース1、2いずれにおいても肢5「Dは、緑色のビー玉をもらった」は確実にいえます。

正解 5

20 数量条件からの推理①

重要度 ★ ★ ★ ★ ★

計算の要素が少ない判断推理でも、数量に関する条件が出てきます。数量条件に関する処理の仕方はさまざまですが、中でも「合計」を扱った処理の方法が一番人気です。

このセクションのGoal

・数値の合計を使うことで新たな条件を引き出せるようになる。

例題 20

地方上級 2023 難易度▶ ★ ★ ☆

　赤、青、黄、緑の4色のカードが4枚ずつある。それぞれの色のカードには、0，1，2，3の異なる整数が一つずつ書かれている。これらのカードをA～Dの4人が各色1枚ずつ取った。4人が取った4枚のカードについて、次のことが分かっているとき、正しいと言えるのはどれか。

・4人が取ったカードの整数の和は互いに異なり、大きい順に並べると、A，B，C，Dである。
・Cの4枚のカードの整数の和は6であり、Dの4枚のカードの整数の和は3である。
・Aは青の1のカードを取った。
・Cは赤の3のカードを取った。
・黄のカードの整数は、Bが0であり、Dが2である。
・緑のカードの整数は、Bの方がAよりも大きい。

1. Aは緑の1のカードを取った。
2. Bは赤の2のカードを取った。
3. Bは青の2のカードを取った。
4. Cは緑の0のカードを取った。
5. Dは赤の1のカードを取った。

　16 枚のカードに書かれている数の合計を求めます。各色０＋１＋２＋３＝６が４色あるので合計は 24 です。ここで２番目の条件「Ｃの４枚のカードの整数の和は６であり、Ｄの４枚のカードの整数の和は３である」より、Ａ，Ｂの和の合計は 24 －（６＋３）＝ 15 です。

> 合計（24）から既にわかっている値（Ｃの６，Ｄの３）を引くことで、Ａ，Ｂの値を推理することができました。これが合計の扱い方です。

　さらに１番目の条件「４人が取ったカードの整数の和は互いに異なり、大きい順に並べると、Ａ，Ｂ，Ｃ，Ｄ」より、Ａ，Ｂの和はＣの和（６）より大きいことを考えると、Ａ＝８，Ｂ＝７しか考えられません。

　条件からわかることを次のような表にまとめます。

	赤	青	黄	緑	計
A	★	1			8
B			0		7
C	3				6
D			2		3

　ここで、Ａの赤（上表の★）に注目します。Ａの赤は０ではないので（０だと和が８にならない）、１と仮定してみます。すると、和が８であることから黄、緑とも３となります。しかし、それでは最後の条件「緑のカードの整数は、Ｂの方がＡよりも大きい」を満たすことができません。

【Ａの赤が１と仮定⇒間違い】

	赤	青	黄	緑	計
A	1	1	3	3	8
B			0		7
C	3				6
D			2		3

> Ａの緑が３だとすると最後の条件「緑のカードの整数は、Ｂの方がＡよりも大きい」を満たすことができません。

したがって、仮定は間違いでこれによりＡの赤は２しかあり得ないことがわかります。さらに最後の条件よりＡの緑が３になることはないので緑が２、黄色が３となります。

	赤	青	黄	緑	計
A	2	1	3	2	8
B			0	3	7
C	3		1		6
D			2		3

Ａの緑が１だと和が８にならないから２にするしかないです。

　Ｂの赤と青を埋めます。この２色の和を４にしなくてはいけませんが、赤は既に２（Ａ）と３（Ｃ）が判明していますのでＢの赤が１、青を３とするしかありません。

	赤	青	黄	緑	計
A	2	1	3	2	8
B	1	3	0	3	7
C	3		1		6
D	0		2		3

　最後にＣ，Ｄを埋めます。Ｃは青と緑で和を２にしなくてはいけませんが、既に埋まっているＡとの関係で、Ｃの青が２、緑が０とするしかありません。

	赤	青	黄	緑	計
A	2	1	3	2	8
B	1	3	0	3	7
C	3	2	1	0	6
D	0	0	2	1	3

　したがって、正解は肢４となります。

正解 4

　　A〜Gの互いに異なるアルファベットが1文字ずつ書かれた7枚のカードがある。これら7枚のカードの裏面には1〜7の互いに異なる数字が書かれており、7枚のカードの色は赤、青、緑のいずれかである。

　　次のことが分かっているとき、確実にいえるのはどれか。

○　AとBは同色、CとDは同色、EとFは同色である。
○　AとCとEの色は互いに異なっており、DとFとGの色も互いに異なっている。
○　赤色のカードの数字の和は6であり、緑色のカードの数字の和は14である。
○　AとCとGの3枚のカードの数字の和は12である。
○　AとDとFの3枚のカードの数字の和は18である。
○　BとCとEの3枚のカードの数字の和は6である。

1.　Aのカードは緑色で、数字は6である。
2.　Dのカードは青色で、数字は5である。
3.　Eのカードは青色で、数字は1である。
4.　BとDとFの3枚のカードの数字の和は14である。
5.　CとEとGの3枚のカードの数字の和は8である。

　　1番目と2番目の条件より、次のように色によるグループ分けができます。なお、3番目の条件「緑色のカードの数字の和は14である」を満たすには3枚のカードが必要なので（2枚では和が14にならない）、A，B，Gの組が緑と確定します。

緑 14						
A	B	G	C	D	E	F

　　7枚のカードには1〜7が1枚ずつ書かれているので、その合計は 1 + 2 +……6 + 7 = 28 となります。

　　すると、条件「赤色のカードの数字の和は6であり、緑色のカードの数字の

和は 14 である」より、青のカードの合計は 28 −（6 + 14）= 8 とわかります。

　また、5 番目、6 番目の条件「A と D と F の 3 枚のカードの数字の和は 18 である」「B と C と E の 3 枚のカードの数字の和は 6 である」より、

$$G = 28 -（A + D + F）-（B + C + E）$$
$$= 28 - 18 - 6$$
$$= 4$$

とわかります。

緑 14						
A	B	G	C	D	E	F
		4				

　さらに A + D + F = 18 ですが、これを満たせる数の組合せは（5，6，7）しかありません。同様に B + C + E = 6 は（1, 2, 3）しかありません。つまり、A は 5 〜 7 のいずれかで、B は 1 〜 3 のいずれかとなりますが、ここで、A，B の和は 14 − 4 = 10 ですので、これを満たせるのは（A，B）=（7，3）しかないことがわかります。

緑 14						
A	B	G	C	D	E	F
7	3	4				

　また、赤の和 6 を満たせるのは（1，5）しかなく（緑の G が 4 だから、2 + 4 はあり得ないです）、4 番目の条件「A と C と G の 3 枚のカードの数字の和は 12」より、C = 12 −（7 + 4）= 1 ですから、C，D が赤とわかります。
　残った E，F が青で、（E，F）=（2，6）となります。

緑14			赤6		青8	
A	B	G	C	D	E	F
7	3	4	1	5	2	6

　以上より、正解は肢4「BとDとFの3枚のカードの数字の和は14である」
となります。

正解4

21 数量条件からの推理② 重要度 ★ ★ ★ ★ ★

セクション 20 に続き、数量条件を扱った問題を紹介します。「合計」に比べると、頻度、重要度ともに低くなりますが覚えておいて損はありません。なお、このセクションもセクション 19 と同様にパターン性の強い問題ばかりではないのでその点ご了承ください。

このセクションの Goal

・数量条件を推理して問題を解けるようになる。

第6章

その他推理

例題 21　　　国家一般職 2021　　難易度▶ ★ ★ ★

　　図Ⅰのような 3 × 3 の中央が塞がった八つのマス目があり、ここにボールを収納していくことを考える。次の条件を満たすようにボールを収納するとき、八つのマス目全体で収納できるボールの個数の最大値と最小値の差はいくらか。

○　いずれのマスにも最低 1 個のボールが入っている。
○　図Ⅱのように、一直線に並んだ三つのマスには、いずれも計 9 個のボールが入っている。

図Ⅰ

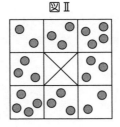

図Ⅱ

1. 6　　　2. 8　　　3. 10　　　4. 12　　　5. 14

STEP1 最小値を求めよう

　　角に注目します。角のマスは、縦の和、横の和 2 つの列に関係します。つまり、角に 1 個のボールを収納すれば実質 2 個分の効果があることになります。

ボールの個数を少なくしたいのであれば角にできる限り入れましょう。つまり、角以外の4マスの個数を最小にします。次のような例がいくつか考えられます。

7	1	1
1	✕	1
1	1	7

6	1	2
1	✕	1
2	1	6

4	1	4
1	✕	1
4	1	4

　いずれにせよ、20個が最小値となります。

STEP2 最大値を求めよう

　ボールの数を多くしたいのであれば逆に四隅に入れないようにすればいいです。

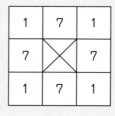

1	7	1
7	✕	7
1	7	1

　これが最大で、32個になります。
　以上より、最大値と最小値の差は 32 − 20 = 12 になりますので正解は肢4です。

正解 4

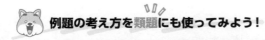
類題①　　　　　　　　　　　　　　特別区Ⅰ類 2022　　難易度▶ ★ ★ ★

　　A〜Eは、それぞれ商品を売っており、5人の間で商品を売買した。全員が2人以上の者に商品を売り、同じ人から2品以上買う人はいなかった。また、5人とも、売った金額も買った金額も500円であり、収支はゼロだった。次のア〜キのことが分かっているとき、確実にいえるのはどれか。ただし、商品の価格は全て100円単位で端数がないものとする。

ア　Cは、AとEそれぞれに100円の商品を売った。
イ　Bは、Dに200円の商品を売った。
ウ　Bが商品を売った相手は、2人だった。
エ　Eは、Bに100円の商品を売った。
オ　Dは、Aから300円の商品を買った。
カ　Dは、他の全員に商品を売った。
キ　400円の商品と100円の商品の2品だけを売った人は、1人だけだった。

1．Bは、Aに商品を売らなかった。
2．Cは、Bに200円の商品を売った。
3．Dは、Aに100円の商品を売った。
4．Dは、Eに100円の商品を売った。
5．Eは、Cに商品を売らなかった。

　　例えば条件ア「Cは、AとEそれぞれに100円の商品を売った」は「AとEは、Cから100円の商品を買った」と読むことができます。そこで、条件ア、イ、エ、オからわかることを次のような表に整理します。

	買った					
	A	B	C	D	E	計
売った A				300		500
売った B				200		500
売った C	100				100	500
売った D						500
売った E		100				500
計	500	500	500	500	500	

　Dが買った商品について見てください。DはAから300円、Bから200円の商品を買っているので、「5人とも、売った金額も買った金額も500円」より、DはC，Eからは買っていません。

　ここでCが売った人に注目してください。表より、500円分売ったというのであればBに300円の商品を売ったことにするしかありません。

	買った					
	A	B	C	D	E	計
売った A				300		500
売った B				200		500
売った C	100	300		×	100	500
売った D						500
売った E		100		×		500
計	500	500	500	500	500	

　次に条件キ「400円の商品と100円の商品の2品だけを売った人は、1人だけだった」を検討します。表より、A，B，Cではありません。また条件カよりDは4人に売っているので違います。つまり、条件キが表す人物はEしかあり得ません。Eは100円の商品をBに売っていますが、表より400円の商品はAかCに売ったことが考えられます。

　ここでAに売ったと仮定します。すると、AはCから100円、Eから400円、計500円の商品を買ったことになりますが、条件カ「Dは、他の全員に

商品を売った」より、AはDからも買っており、500円を超えてしまうので不適です。

したがって、EはCに400円の商品を売ったことになります。

		買った					
		A	B	C	D	E	計
売った	A				300		500
	B				200		500
	C	100	300		×	100	500
	D						500
	E	×	100	400	×		500
	計	500	500	500	500	500	

CはEから400円の商品を買っているので、条件カより、Dから100円の商品を買ったことになります。同様にBはCから300円、Eから100円の計400円を買っているのでDから100円の商品を買ったことになります。

表より、AはEに200円の商品を売ったことになります。

		買った					
		A	B	C	D	E	計
売った	A		×	×	300	200	500
	B			×	200		500
	C	100	300		×	100	500
	D		100	100			500
	E	×	100	400	×		500
	計	500	500	500	500	500	

次に条件ウ「Bが商品を売った相手は、2人だった」を考えます。Dに200円の商品を売っているので、あと1人（表からAもしくはE）に300円の商品を売ったことになります。

ここでEに売ったと仮定します。すると、EはAから200円、Bから300円、Cから100円の商品を買い、計500円を超えてしまうので不適です。し

たがって、BはAに300円の商品を売ったことになります。

すると表より、EはDから200円の商品を買ったことになります。

		買った					
		A	B	C	D	E	計
売った	A		×	×	300	200	500
	B	300		×	200	×	500
	C	100	300		×	100	500
	D	100	100	100		200	500
	E	×	100	400	×		500
	計	500	500	500	500	500	

以上より、正解は肢3「Dは、Aに100円の商品を売った」となります。

正解3

9枚のカードがあり、表面に2～10までの数字がそれぞれ書かれている。この9枚のカードを3枚ずつに分け、A，B，Cの3人に配った。3人が次のように述べているとき、確実にいえるものはどれか。

A 「私が持っている3枚のカードの和は、偶数である。」
B 「私が持っている3枚のカードの積は、奇数である。」
C 「私が持っている3枚のカードの和は、13である。また、3枚のカードの積は3の倍数であるが、9の倍数ではない。」

1. Aは6のカードを持っている。
2. Bは3のカードを持っている。
3. Bは7のカードを持っている。
4. Cは5のカードを持っている。
5. Cは8のカードを持っている。

A～Cの発言を推理します。

A 「私が持っている３枚のカードの和は、偶数である。」
　３つの整数の和が偶数とは、

>　①偶数 ＋ 偶数 ＋ 偶数
>　②偶数 ＋ 奇数 ＋ 奇数

のいずれかが考えられます（次ページ【補足】参照）。

B 「私が持っている３枚のカードの積は、奇数である。」
　３つの整数のうち、１つでも２の倍数（偶数）があれば、３つの積は２の倍数（偶数）になってしまいます。つまり、３つの積が奇数とは、３つ全て奇数であることを意味します。

　なお、この問題における奇数は３，５，７，９の４つしかありません。このうち３つをBが持っているので、Aが奇数を２つ持つことはありません。したがって、Aのカードの組合せは①になります。

C 「３枚のカードの積は３の倍数であるが、９の倍数ではない。」
　３の倍数は３，６，９ですが、９ではありません。また、３，６を両方持っていると、３×６＝18で９の倍数になってしまうので不適です。つまり、Cは３か６のうちいずれか１枚を持っていることになるので、場合を分けて検討します。

ケース１　Cが３を持っているとき
　残った奇数５，７，９はBのものになります。
　C「私が持っている３枚のカードの和は、13である」より、数の組合せは（3，2，8）か（3，4，6）が考えられますが、（3，4，6）は積が９の倍数になってしまうので不適です。

	ケース１
C	3，2，8
B	5，7，9
A	4，6，10

ケース２　Cが６を持っているとき
　和が13のCの組合せは（6，2，5）か（6，3，4）が考えられますが、

（6，3，4）は積が9の倍数になるので不適です。残った奇数3，7，9はBの
ものです。

	ケース2
C	6, 2, 5
B	3, 7, 9
A	4, 8, 10

　ケース1，2両方について確実にいえるのは肢3「Bは7のカードを持って
いる」です。

正解3

【補足～偶数、奇数の性質～】

・偶数 ＋ 偶数 ＝ 偶数
・奇数 ＋ 奇数 ＝ 偶数
・偶数 ＋ 奇数 ＝ 奇数
・偶数 ＋ 偶数 ＋ 偶数 ＝ 偶数
・偶数 ＋ 奇数 ＋ 奇数 ＝ 偶数
・偶数 ＋ 偶数 ＋ 奇数 ＝ 奇数
・奇数 ＋ 奇数 ＋ 奇数 ＝ 奇数

足す数が3つの場合は、2
つの場合から導けるので暗
記はやめよう。

第 7 章

論理

ポイント講義は
こちら

22 論理式①

重要度
★ ★ ★ ★ ★

この章では人気分野「論理」を学習します。特にこのセクションで紹介する「論理式」は論理の大半を占める出題形式ですので、最低限このセクションだけでも学習するようにしてください。

このセクションのGoal

・論理式、三段論法、論理式の分解、対偶といった知識を駆使して論理の定番問題が解けるようになる。

基礎知識

【論理式】

「全てのPはQである」という命題が成り立つとき、P → Q（PならばQ）と表すことができます。

例）全ての新宿区民は東京都民である。新宿区 → 東京都

【論理記号】

① 「否定」 $\overline{P}$ …Pでない

② 「または」 P ∨ Q…PまたはQ。P，Qのうち少なくとも一方

③ 「かつ」 P ∧ Q …PかつQ

【三段論法】

2つの論理式「P → Q」「Q → R」において、共通しているQでまとめてP → Q → Rとすることが可能です。さらにつなげた論理式P → Q → Rにおいて、矢印の向きが一方通行であれば途中のQを飛ばしてP → Rとすることが可能です。

【論理式の分解】

「∨」「∧」は分解できる場合があります（できない場合もあります）。

① P → Q ∧ R（うしろかつ） ⇒ P → Q，P → Rと分解できる

② P → Q ∨ R（うしろまたは） ⇒ 分解不可能

③ P ∧ Q → R（まえかつ） ⇒ 分解不可能

④ P ∨ Q → R（まえまたは） ⇒ P → R，Q→Rと分解できる

重要

「うしろかつ」「まえまたは」平仮名5文字が分解可能と覚えよう

【対偶】

　論理式P→Qに対し、P，Qを逆にしたQ→Pを「逆」、肯定と否定をひっくり返した$\overline{P}→\overline{Q}$を「裏」と言います。P→Qが正しくても逆と裏は正しいとは言えないです。

　これに対し、逆と裏を同時に行った$\overline{Q}→\overline{P}$を「対偶」といいます。P→Q が正しいとき、対偶は正しいと言えます。

［逆、裏が正しいと言えない、対偶が正しいと言える具体例］

新宿区 → 東京都（全ての新宿区民は東京都民である）に対して

逆：東京都→新宿区（全ての東京都民は新宿区民である）×

裏：$\overline{新宿区}$→$\overline{東京都}$（新宿区民でない人は東京都民ではない）×

対偶：$\overline{東京都}$→$\overline{新宿区}$（東京都民でない人は新宿区民ではない）○

例題 22

国家一般職 2021　難易度▶ ★ ★ ★

　あるクラスで水泳、バレーボール、テニス、野球、弓道、サッカーの6種類のスポーツについてアンケートをとった。次のことが分かっているとき、確実にいえることとして最も妥当なのはどれか。

- ○　バレーボールが好きではない人は、野球が好きである。
- ○　テニスが好きな人は、水泳が好きではない。
- ○　サッカー又はバレーボールが好きな人は、テニスが好きである。
- ○　サッカーが好きではない人は、弓道が好きである。

1. 水泳が好きな人は、弓道が好きである。
2. バレーボールが好きな人は、弓道が好きである。
3. テニスが好きな人は、野球が好きである。
4. 野球が好きな人は、水泳が好きである。
5. サッカーが好きな人は、水泳が好きである。

　各条件を論理式で表します。

- $\overline{\text{バレー}}$ ⟶ 野球　　$\boxed{\text{対偶}}$　$\overline{\text{野球}}$ ⟶ バレー
- テニス ⟶ $\overline{\text{水泳}}$
- サッカー∨バレー ⟶ テニス　　$\boxed{\text{分解}}$　サッカー ⟶ テニス
　　　　　　　　　　　　　　　　　　　バレー ⟶ テニス
- $\overline{\text{サッカー}}$ ⟶ 弓道　　$\boxed{\text{対偶}}$　$\overline{\text{弓道}}$ ⟶ サッカー

これらをつなげると次のようにまとめられます。

【まとめた論理式】

$\overline{\text{弓道}}$ ⟶ サッカー ⟶ テニス ⟵ バレー ⟵ $\overline{\text{野球}}$
　　　　　　　　　　　　　↓
　　　　　　　　　　　$\overline{\text{水泳}}$

これを用いて選択肢を検討します。

1 ○　**水泳が好きな人は、弓道が好きである。（水泳 ⟶ 弓道）**
　まとめた論理式から、三段論法より、

$$\text{弓道} \longrightarrow \overline{\text{水泳}}$$

が成り立ちます。これの対偶は「水泳 → 弓道」ですので選択肢と一致します。

2 ×　**バレーボールが好きな人は、弓道が好きである。（バレー ⟶ 弓道）**
　まとめた論理式からバレーボールと弓道の関係を述べることはできません。

3 ×　**テニスが好きな人は、野球が好きである。（テニス ⟶ 野球）**
　まとめた論理式から、三段論法より、

$$\overline{\text{野球}} \longrightarrow \text{テニス}$$

が成り立ちます。対偶をとって、

$$\overline{\text{テニス}} \longrightarrow \text{野球}$$

となります。「テニスが好きでない人は、野球が好きである」はいえますが、

選択肢はいえません。

4 ×　野球が好きな人は、水泳が好きである。（野球 ⟶ 水泳）

まとめた論理式から、三段論法より、

$$\overline{野球} \longrightarrow \overline{水泳}$$

が成り立ちます。これは選択肢の裏の関係ですので正しいとはいえません。

5 ×　サッカーが好きな人は、水泳が好きである。（サッカー ⟶ 水泳）

まとめた論理式から、三段論法より、

$$サッカー \longrightarrow \overline{水泳}$$

が成り立ちます。「サッカーが好きな人は、水泳が好きでない」はいえますが、選択肢はいえません。

　以上より、正解は肢1となります。

正解 1

 例題の考え方を類題にも使ってみよう！

類題①	東京都 I 類 B 2019　難易度 ▶ ★ ★ ★

　ある中学校の生徒に好きな教科を聞いたところ、次のことが分かった。

ア　数学が好きな生徒は、国語も好きである。
イ　数学が好きでない生徒は、理科も好きでない。
ウ　社会が好きな生徒は、国語も理科も好きである。

　以上から判断して、この中学校の生徒に関して、確実にいえるのはどれか。

1. 国語が好きな生徒は、理科も好きである。
2. 数学が好きな生徒は、社会が好きでない。
3. 理科が好きな生徒は、国語も好きである。
4. 理科が好きでない生徒は、数学も好きでない。
5. 社会が好きでない生徒は、国語も理科も好きでない。

条件ア〜ウを論理式で表します。

ア：数学 ⟶ 国語
イ：$\overline{数学}$ ⟶ $\overline{理科}$ 　対偶　 理科 ⟶ 数学
ウ：社会 ⟶ 国語 ∧ 理科 　分解　 社会 ⟶ 国語 　　社会 ⟶ 理科

これをつなげると次のようになります。

社会 ⟶ 理科 ⟶ 数学 ⟶ 国語 ⟵ 社会

三段論法より、

理科 ⟶ 国語

が成り立ちます。これは「理科が好きな生徒は、国語も好きである」を示していますので、正解は肢3となります。

正解 3

あるクラスで国語、数学、英語、理科、社会の 5 科目のテストが行われ、全ての生徒が全科目のテストを受けた。テストの結果に関して次のことが分かっているとき、論理的に確実にいえるのはどれか。

ただし、それぞれの科目の満点は 100 点である。

○　国語の得点が 50 点未満ならば、理科の得点は 50 点未満である。
○　英語と社会の得点の合計が 150 点未満ならば、国語の得点は 50 点未満である。
○　理科の得点が 50 点未満ならば、数学の得点は 50 点以上である。

1. 数学の得点が 50 点未満ならば、国語の得点は 50 点未満である。
2. 国語と数学と社会の得点の合計が 250 点以上ならば、数学の得点は 50 点未満である。
3. 理科の得点が 50 点以上ならば、英語の得点は 50 点以上である。
4. 国語の得点が 50 点以上ならば、数学の得点は 50 点未満である。
5. 社会の得点が 50 点未満ならば、理科の得点は 50 点以上である。

STEP 1　**1 番目、3 番目の条件を論理式で表そう**

1 番目の条件を論理式で表します（50 点以上を肯定、50 点未満を否定で表します）。

国語 ⟶ 理科　　対偶　　理科 ⟶ 国語

3 番目の条件も論理式で表します。

理科 ⟶ 数学　　対偶　　数学 ⟶ 理科

STEP 2　**2 番目の条件を論理式で表そう**

2 番目の条件「英語と社会の得点の合計が 150 点未満ならば、国語の得点は 50 点未満である」の対偶は「国語の得点が 50 点以上ならば、英語と社会の得点の合計は 150 点以上である」です。ここで「英語と社会の得点の合計は 150 点以上」を推理します。それぞれのテストは 100 点

少しだけ推理をしなくてはいけない問題です。

満点ですから、英語と社会はそれぞれ 50 点以上だとわかります（例えば英語 49 点、社会 101 点はあり得ないということです）。つまり、2 番目の条件の対偶は、

> 国語の得点が 50 点以上ならば、
> 英語の得点は 50 点以上かつ社会の得点は 50 点以上である

と言い換えることができます。これを論理式にすると、

国語 ⟶ 英語 ∧ 社会　分解　国語 ⟶ 英語　国語 ⟶ 社会

と表すことができます。
　これをつなげてまとめると次のようになります。

　まとめた論理式の三段論法より、理科 → 英語がいえます。これは肢 3「理科の得点が 50 点以上ならば、英語の得点は 50 点以上である」と一致しますので、正解は肢 3 となります。

正解 3

23 論理式②

重要度
★ ★ ★ ★ ★

このセクションでは「ド・モルガンの法則」という論理式の変形方法を紹介します。三段論法、分解、対偶に比べると頻度は下がりますが、全く出題されないわけではないのでしっかりと学習しましょう。

このセクションの Goal

・「ド・モルガンの法則」の式変形ができるようになる。

第7章 論理

基礎知識

【ド・モルガンの法則】

否定と「∧」「∨」について、次の式変形ができます。

・ $\overline{P \land Q} = \overline{P} \lor \overline{Q}$
・ $\overline{P \lor Q} = \overline{P} \land \overline{Q}$

> 重要
> 「∧」「∨」の上にある否定を外すことができます。その際「∧」「∨」はひっくり返ります。

【ド・モルガンの法則の説明】

P，Qの肯定、否定の組合せは次の4通りが考えられます（〇が肯定、×が否定）。

	①	②	③	④
P	〇	〇	×	×
Q	〇	×	〇	×

> 式変形の原理を説明しているだけなので、読み飛ばしても構いません。

$\overline{P} \land \overline{Q}$, $\overline{P} \lor \overline{Q}$, $\overline{P \land Q}$, $\overline{P \lor Q}$ と①〜④の対応を調べます。

・$\overline{P} \land \overline{Q}$：「Pでなく、かつQでない」ですので④に対応します。
・$\overline{P} \lor \overline{Q}$：「Pでない、またはQでないの少なくとも一方」ですから②，③，④に対応します。
・$\overline{P \land Q}$：「P∧Q（①）の否定」を表しているので、②，③，④に対応します。
・$\overline{P \lor Q}$：「P∨Q（①，②，③）の否定」を表しているので④に対応します。

以上より、$\overline{P \land Q} = \overline{P} \lor \overline{Q}$, $\overline{P \lor Q} = \overline{P} \land \overline{Q}$ が成り立ちます。

　ある事件の犯人について、「彼が車を運転できて、かつ、左利きでなければ、彼はそのめがねの持ち主である。」という命題が成り立つときに論理的に必ず成り立つ命題として、最も妥当なのはどれか。

1. 彼が車の運転をできず、かつ、左利きであるならば、彼はそのめがねの持ち主である。
2. 彼が車の運転をできないか、または、左利きであるならば、彼はそのめがねの持ち主ではない。
3. 彼が車の運転をできず、かつ、そのめがねの持ち主であるならば、彼は左利きである。
4. 彼がそのめがねの持ち主であるならば、彼は車の運転をできて、かつ、左利きではない。
5. 彼がそのめがねの持ち主でないならば、彼は車を運転できないか、または、左利きである。

「彼が車を運転できて、かつ、左利きでなければ、彼はそのめがねの持ち主である」を論理式で表します。

$$運転 \land \overline{左利き} \longrightarrow めがね$$

対偶をとります。

$$\overline{めがね} \longrightarrow \overline{運転 \land \overline{左利き}}$$

ド・モルガンの法則より、右辺は次のようになります。

$$\overline{めがね} \longrightarrow \overline{運転} \lor \overline{\overline{左利き}}$$

$\overline{\overline{左利き}}$ は二重否定なので肯定になります。

$$\overline{めがね} \longrightarrow \overline{運転} \lor 左利き$$

以上より、「彼がそのめがねの持ち主でないならば、彼は車を運転できないか、

または、左利きである」と読むことができますので、正解は肢5となります。

 例題の考え方を類題にも使ってみよう！

| 類題 | 裁判所職員 2019 | 難易度▶ ★ ★ ★ |

5枚のカードがテーブルに置かれている。それぞれのカードは片面にはアルファベットが書かれ、もう片面には数字が書かれてある。

この5枚のカードについて、「カードの片面に母音のアルファベットが書かれているならば、その裏面には3の倍数または4の倍数が書かれている」ということが成り立っているかを、最も少ない枚数のカードを裏返して確認するとき、裏返す必要があるカードをすべてあげているものは次のうちどれか。

ア　イ　ウ　エ　オ
A　F　8　10　24

1. ア、エ
2. ア、オ
3. ア、ウ、エ
4. ア、ウ、オ
5. ア、イ、ウ、エ

母音であるア（A）を裏返すのはいいでしょう。他のカードを検討します。

「カードの片面に母音のアルファベットが書かれているならば、その裏面には3の倍数または4の倍数が書かれている」のルールが成り立たないのは、「カードの片面に母音のアルファベットが書かれているのに、その裏面に『3の倍数または4の倍数』が書かれていない」場合です。したがって、「3の倍数または4の倍数」が書かれていないカードの裏面が母音ではないことを確認する必要があります。

「『3の倍数または4の倍数』が書かれていないカード」を論理記号で表すと$\overline{3の倍数 \lor 4の倍数}$となります。ド・モルガンの法則より、

$$\overline{3 \text{ の倍数} \lor 4 \text{ の倍数}}$$
$$= \overline{3 \text{ の倍数}} \land \overline{4 \text{ の倍数}}$$

となります。3 の倍数ではなく 4 の倍数でもない数はエの 10 しかありません
ので、裏返す必要があるのはアとエになります。

　したがって、正解は肢 1 となります。

正解 1

【補足】

　このカードを裏返す問題は有名な問題ですので、解法を丸ごと覚えておきま
しょう。なお、「カードの片面に母音のアルファベットが書かれているならば、
その裏面には 3 の倍数または 4 の倍数が書かれている」を論理式で表すと、

$$\text{母音} \longrightarrow 3 \text{ の倍数} \lor 4 \text{ の倍数}$$

となります。対偶をとると、

$$\overline{3 \text{ の倍数} \lor 4 \text{ の倍数}} \longrightarrow \overline{\text{母音}}$$

と表すことができ、「3 の倍数または 4 の倍数」が書かれていないカードの裏
面が母音ではないと一致します。つまるところ、この問題は対偶さえ書ければ
解ける問題だったわけです。

24 論理式③

重要度
★ ★ ★ ★ ★

セクション 22 では「前提が与えられており、それをもとに結論を導く問題」を紹介しましたが、今回は逆の「結論が与えられていて、そこから前提を探す問題」を紹介します。セクション 22 と比べると頻度は下がりますが、解き方がワンパターンなので覚えてしまいましょう。

このセクションの Goal

・「結論が与えられていて、そこから前提を探す問題」を、三段論法を用いて解けるようになる。

第**7**章

論理

例題 24

国家Ⅱ種 2007 ・ 難易度▶ ★ ★ ★

あるテニス大会の出場経験者についてアンケート調査を行ったところ、ア、イのことが分かった。

ア　優勝経験者は、試合前日に十分な睡眠をとっていた。
イ　家族にテニス選手がいる者は、毎日練習していた。

このとき、「優勝経験者は毎日練習していた。」ということが確実にいえるためには、次のうちどの条件があればよいか。

1. 家族にテニス選手がいない者は、試合前日に十分な睡眠をとっていなかった。
2. 毎日練習した者は、試合前日に十分な睡眠をとっていた。
3. 試合前日に十分な睡眠をとっていなかった者は、毎日練習していなかった。
4. 試合前日に十分な睡眠をとっていなかった者の家族には、テニス選手がいなかった。
5. 家族にテニス選手がいる者は、優勝していた。

前提ア、イ、選択肢から、結論を導きます。

ア：優勝経験者 ⟶ 十分な睡眠
イ：家族 ⟶ 毎日練習
選択肢：？？？ ⟶ ？？？

三段論法により、ア、イ、選択肢をつなげて、途中を飛ばして短縮することで結論の

優勝経験者 ⟶ 毎日練習

が得られるようです。

ここで結論の論理式を、途中を飛ばして短縮する1つ手前の状態に戻します。

優勝経験者 ⟶（　　　　　）⟶ 毎日練習　　三段論法の巻き戻し！

前提ア、イから次のように（　　　）の中が補完されると推測できます。

以上より、十分な睡眠→家族 が前提としてあれば結論を導けることがわかりました。選択肢にこれに該当するものはないので対偶をとります。

家族 ⟶ 十分な睡眠

となり、肢1「家族にテニス選手がいない者は、試合前日に十分な睡眠をとっていなかった」と一致します。

したがって、正解は肢1となります。

正解 1

例題の考え方を類題にも使ってみよう！

　ある研究者がある地域の複数の民族について調査した結果、「ある民族に祭りがあれば、そこには文字があるか又は楽器がある。」ということが分かった。ここで、この調査結果を基に、「ある民族に祭りがあれば、そこには伝統がある。」ということを証明するためには、次のうちではどれがいえればよいか。

1. ある民族に文字がなく、かつ、楽器がなければ、そこには伝統がない。
2. ある民族に文字がなく、かつ、楽器がなければ、そこには祭りがない。
3. ある民族に文字があり、かつ、楽器があれば、そこには伝統がある。
4. ある民族に伝統がなければ、そこには文字がなく、かつ、楽器がない。
5. ある民族に伝統がなければ、そこには文字がないか又は楽器がない。

　結論の「ある民族に祭りがあれば、そこには伝統がある」を論理式で表すと次のようになります。

> 祭り ⟶ 伝統

　この論理式は三段論法の考え方に基づいて、複数の論理式をつなげて、矢印（→）の途中を飛ばして短縮したものです。そこで、短縮する前の段階を表してみます。

> 祭り ⟶ （　　　　　） ⟶ 伝統

　この（　　　）に入るのは、前提条件「ある民族に祭りがあれば、そこには文字があるか又は楽器がある（祭り→文字∨楽器）」より、「文字∨楽器」が妥当です。

> 祭り ⟶ 文字∨楽器 ⟶ 伝統

　つまり、結論を証明するには「文字∨楽器→伝統」がいえればいいことがわかります。ここで、この論理式の対偶をとります。

$$\overline{伝統} \longrightarrow 文字 \lor 楽器$$

ド・モルガンの法則より、

$$\overline{伝統} \longrightarrow \overline{文字 \land 楽器}$$

　これは「ある民族に伝統がなければ、そこには文字がなく、かつ、楽器がない」と一致します。

　したがって、正解は肢4となります。

正解 4

25 その他の論理①

重要度
★★★★★

ここからは論理式で表すことができない、もしくは論理式では解きづらい問題を紹介します。このセクションでは「ベン図を用いた解法」、次のセクションでは「全て書き出す解法」を紹介します。

第**7**章

論理

このセクションのGoal

・ベン図を用いて論理の問題を解けるようになる。

基礎知識

【論理式で表せない条件】

論理式P → Qは、「すべてのP」について成り立つときに表すことができます。問題によっては「一部のP」の場合があり、そのときは論理式で表すことができません。

条件だけでなく、選択肢の場合もあります。

【ベン図】

集合を視覚的に表した図をベン図といいます。

[集合Pを表すベン図]

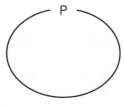

これが論理式で表すことができない条件です。

【条件を、ベン図を用いて表す】

次の3つの条件を表せるようになりましょう。

①全てのPはQである
（P → Q）

②全てのPはQではない
（P.→ $\overline{Q}$）

③一部のPはQである
（P ∧ Q）

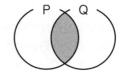

【ベン図の解法】

「P → Q」「P ∧ R」の２つをまとめるとどうなるか考えてみましょう。

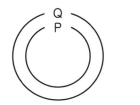 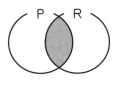

次のようなまとめ方が考えられますが、どちらも間違っていません。

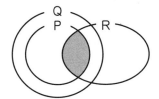 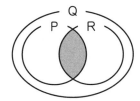

> QとRについては言及されていないので、RがQの中にすっぽり入っていても間違っているとはいえません。

・まとめ方は１つではない
・条件を満たしてさえいれば、どのようにまとめても構わない
　この２つの性質を用いてベン図の問題を解きます。

例題 25

国家専門職 2019 ／ 難易度▶ ★ ★ ★

　ある幼稚園の園児に、犬、猫、象、ペンギンのそれぞれについて、「好き」又は「好きでない」のいずれであるかを尋ねた。次のことが分かっているとき、確実にいえるのはどれか。

○　犬が好きな園児は、猫が好きでない。
○　象が好きな園児は、ペンギンも好きである。
○　猫が好きな園児の中には、象も好きな園児がいる。
○　象が好きな園児の中には、犬も好きな園児がいる。

1．ペンギンだけが好きな園児がいる。
2．ペンギンが好きな園児は、犬、猫、象のいずれも好きである。
3．犬が好きでない園児は、象も好きでない。

> 4. 犬も猫もどちらも好きでない園児は、象とペンギンのどちらも好きである。
> 5. 犬が好きな園児の中には、ペンギンも好きな園児がいる。

各条件を上から順に①〜④と置き、ベン図で表します。

①犬が好きな園児は、
　猫が好きでない

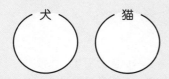

②象が好きな園児は、
　ペンギンも好きである

③猫が好きな園児の中には、
　象も好きな園児がいる

④象が好きな園児の中には、
　犬も好きな園児がいる

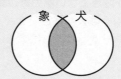

これを踏まえて選択肢を検討します。

1 ×　ペンギンだけが好きな園児がいる。

②のベン図を次のように変形します。

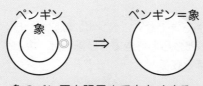

象のベン図を限界まで大きくする

屁理屈な感じもしますが、
問題ありません。

　象を大きくしてペンギンと一致させても条件「象が好きな園児は、ペンギンも好きである」に反することはありません。1つのあり得る形です。この形がある以上「ペンギンだけが好きな園児がいる（図中◎）」が確実に存在するとはいえません。

2 ×　ペンギンが好きな園児は、犬、猫、象のいずれも好きである。

①～④を次のようにまとめます。

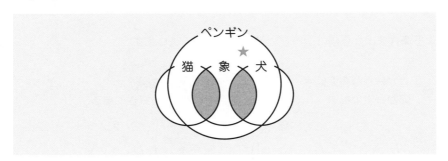

　図中★はペンギンが好きで他3種類は好きでない園児です。★は①～④に反することはない、あり得る存在なので「ペンギンが好きな園児は、犬、猫、象のいずれも好きである」は成立しません。

3 ×　犬が好きでない園児は、象も好きでない。

④の図中☆は犬が好きでなく、象が好きな園児ですので「犬が好きでない園児は、象も好きでない」は間違いです。

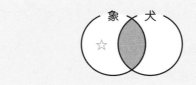

4 ×　犬も猫もどちらも好きでない園児は、象とペンギンのどちらも好きである。

　図中＊は、犬も猫もどちらも好きでなく、ペンギンは好きだけど象は好きでない園児ですので、「犬も猫もどちらも好きでない園児は、象とペンギンのどちらも好きである」を否定する存在です。

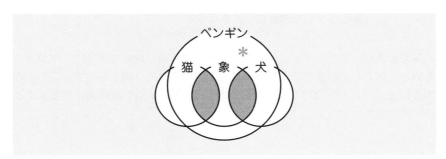

5 ○ 犬が好きな園児の中には、ペンギンも好きな園児がいる。

②より、象のベン図はペンギンの内部にあります。そこに④をくっつけると犬の一部とペンギンが確実に重なることがわかります。

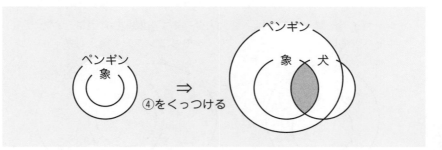

以上より、正解は肢5となります。

正解 5

 例題の考え方を類題にも使ってみよう！

| 類題 | 地方上級 2023 | 難易度 ▶ ★ ★ ☆ |

あるスーパーの買い物客にアンケートを行い、キャベツ、ジャガイモ、タマネギ、ニンジンの4種の野菜を購入した買い物客について、次のことがわかった。論理的に正しいと言えるのはどれか。

・キャベツを購入しなかった者はジャガイモも購入しなかった。
・タマネギを購入した者は、ジャガイモもニンジンも購入した。

1. キャベツを購入した者はジャガイモも購入した。
2. キャベツを購入した者はニンジンも購入した。
3. タマネギ、ニンジンを購入した者は、キャベツは購入しなかった。
4. 2種類の野菜を購入した者はジャガイモを購入しなかった。
5. 3種類の野菜を購入した者はニンジンも購入した。

この問題は一見すると論理式で表したくなりますが、選択肢4，5が論理式で表しづらいのでベン図で表します。なお、最初の条件は対偶をとって「ジャガイモを購入した者はキャベツも購入した」とします。

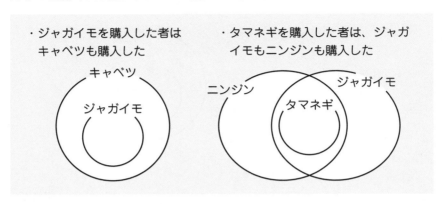

・ジャガイモを購入した者はキャベツも購入した

・タマネギを購入した者は、ジャガイモもニンジンも購入した

　この2つのベン図を合わせると次のようなものが考えられます。図中の数字は購入した品数です。

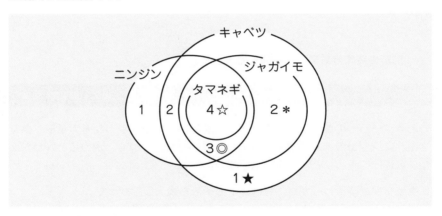

　図より、選択肢を検討します。

1 × 　キャベツを購入しつつジャガイモを購入していない者がいる可能性があります（図★）。

2 × 　肢1同様に★の存在が否定できないので正しくありません。

3 × 　タマネギ、ニンジンを購入した者はキャベツを購入しています（図☆）。

4 × 　図の＊は2種類の野菜の中にジャガイモが含まれます。

5 ○ 　3種類購入したのは図の◎のみで、ニンジンを購入しています。

　以上より、正解は肢5となります。

正解 5

26 その他の論理②

重要度
★ ★ ★ ★ ★

前回に引き続き、論理式では解きづらい論理の問題です。今回は全ての可能性を挙げて条件を調査する解法を紹介します。

このセクションのGoal

・全ての可能性を書き上げ、しらみつぶしに可能性を絞って問題を解けるようになる。

例題 26

国家総合職 2020　難易度▶ ★ ★ ★

あるオーディションの予備審査が行われた。予備審査では、A，B，Cの3人の候補者のうち、本審査に残す者を来場者全員の投票によって決定する。次のことが分かっているとき、ア～エのうち、確実にいえるもののみを全て挙げているのはどれか。

○　各来場者は、本審査に残すに値すると思った候補者を最大3人まで選んで投票することができた。
○　各来場者は、少なくとも1人に投票した。
○　Aに投票した来場者は、B又はCにも投票した。
○　B及びCに投票した来場者は、Aには投票しなかった。
○　Cに投票した来場者は、Bにも投票した。

ア：A及びCに投票した来場者はいなかった。
イ：Aに投票した来場者は、Bにも投票した。
ウ：A又はCに投票した来場者は、Bにも投票した。
エ：Bに投票しなかった来場者がいた。

1. ア、イ、ウ　　　2. ア、イ、エ　　　3. ア、ウ、エ
4. イ、ウ、エ　　　5. ア、イ、ウ、エ

　A，B，Cの3人に投票するかしないかの場合の数は2 × 2 × 2 = 8（通り）しかないので、全てのケースを書き出します。

	①	②	③	④	⑤	⑥	⑦	⑧
A	○	○	○	○	×	×	×	×
B	○	○	×	×	○	○	×	×
C	○	×	○	×	○	×	○	×

条件に対してあり得ないケースを削除します。

○**各来場者は、少なくとも1人に投票した。**
　3人全員に投票していない⑧はあり得ません。

○**Aに投票した来場者は、B又はCにも投票した。**
　Aに投票したのに、B及びCに投票していない④はあり得ません。

○**B及びCに投票した来場者は、Aには投票しなかった。**
　B及びCに投票したのに、Aにも投票している①はあり得ません。

○**Cに投票した来場者は、Bにも投票した。**
　Cに投票したのに、Bに投票していない③, ⑦はあり得ません。

	①	②	③	④	⑤	⑥	⑦	⑧
A	○	○	○	○	×	×	×	×
B	○	○	×	×	○	○	×	×
C	○	×	○	×	○	×	○	×

　残ったケースは②, ⑤, ⑥になります。この3つのケースに対して確実にいえることをア～エから検討します。

ア○　②, ⑤, ⑥ともA及びCに投票している来場者はいないので確実にいえます。

イ○　「Aに投票した来場者」は②に該当します。②はBに投票していますので確実にいえます。

ウ○　「A又はCに投票した来場者」は②, ⑤に該当します。いずれもBに投票していますので確実にいえます。

エ×　②, ⑤, ⑥いずれもBに投票しているので正しくありません。

　以上よりア、イ、ウが確実にいえますので正解は肢1です。

正解 1

例題の考え方を類題にも使ってみよう！

類題 裁判所職員 2018 難易度▸★★★

あるクラスで「好きな四季」についてのアンケートをとった。このクラスの生徒は、春夏秋冬のうち少なくとも一つの季節が好きであり、それ以外に次のことがわかっている。

ア　春か夏の好きな生徒は秋が好きでない。
イ　夏の好きでない生徒は秋が好きである。
ウ　春か秋の好きな生徒は夏か冬のどちらか一方が好きである。

このとき、確実に言えるものはどれか。

1. 春が好きな生徒は夏が好きでない。
2. 夏が好きな生徒の中には秋が好きな者がいる。
3. 秋が好きな生徒は冬が好きでない。
4. 冬が好きな生徒は春が好きでない。
5. 夏も冬も好きでない生徒は春が好きである。

全ての可能性を書き上げます。生徒の好き、好きでないの組合せは次の16通りがあります。

	①	②	③	④	⑤	⑥	⑦	⑧	⑨	⑩	⑪	⑫	⑬	⑭	⑮	⑯
春	○	○	○	○	○	○	○	○	×	×	×	×	×	×	×	×
夏	○	○	○	○	×	×	×	×	○	○	○	○	×	×	×	×
秋	○	○	×	×	○	○	×	×	○	○	×	×	○	○	×	×
冬	○	×	○	×	○	×	○	×	○	×	○	×	○	×	○	×

16通りくらいなら頑張って書き上げよう！

条件ア、イ、ウより、あり得ないものを消去します。

ア　春か夏の好きな生徒は秋が好きでない。
　⇒春か夏が好きで、秋も好きな①，②，⑤，⑥，⑨，⑩はあり得ない。
イ　夏の好きでない生徒は秋が好きである。
　⇒夏が好きでなく、秋も好きでない⑦，⑧，⑮，⑯はあり得ない。
ウ　春か秋の好きな生徒は夏か冬のどちらか一方が好きである。

⇒春か秋が好きで、夏と冬両方好きもしくは両方好きでない①，③，⑥，⑧，⑨，⑭はあり得ない。

	①	②	③	④	⑤	⑥	⑦	⑧	⑨	⑩	⑪	⑫	⑬	⑭	⑮	⑯
春	○	○	○	○	○	○	○	○	×	×	×	×	×	×	×	×
夏	○	○	○	○	×	×	×	×	○	○	○	○	×	×	×	×
秋	○	○	×	×	○	○	×	×	○	○	×	×	○	○	×	×
冬	○	×	○	×	○	×	○	×	○	×	○	×	○	×	○	×

④，⑪，⑫，⑬の可能性が残りました。これを踏まえて選択肢を検討します。

1 ×　春が好きな生徒は夏が好きでない。
　　春が好きな生徒は④しかいませんが、④は夏が好きなので正しくありません。

2 ×　夏が好きな生徒の中には秋が好きな者がいる。
　　夏が好きな生徒は④，⑪，⑫にいますが、いずれも秋が好きでないので正しくありません。

3 ×　秋が好きな生徒は冬が好きでない。
　　秋が好きな生徒は⑬しかいませんが、⑬は冬が好きなので正しくありません。

4 ○　冬が好きな生徒は春が好きでない。
　　冬が好きな生徒は⑪，⑬にいますが、いずれも春が好きでないので確実にいえます。

5 ×　夏も冬も好きでない生徒は春が好きである。
　　④，⑪，⑫，⑬の中に夏も冬も好きでない生徒はいないので正しくありません。

以上より正解は肢4となります。

正解4

第8章

集合

ポイント講義は
こちら

セクション 27　集合とベン図

重要度　★ ★ ★ ★ ★

複数の項目（一般的には3項目）の数量を同時に検討する「集合（集合算）」を紹介します。集合で大事なのは図表への可視化です。セクション27、28で有名な図表「ベン図」と「キャロル図」を紹介します。2つの使用基準に明確なものはなく、完全に主観になります（そもそも自分がわかればどのような図表でも構いません）。自分なりの図表を構築しましょう。

このセクションの Goal

・条件をベン図で表すことができるようになる。
・合計を使って問題を解けるようになる。

基礎知識

【集合の基本解法】
① 「合計」から既に判明している数値を引き算することで答えを求める。
② 「合計」について方程式を立てる。
　集合では「合計」がカギを握ります。問題を通じて具体的に解説します。

例題 27

東京都 I 類 B 2022　難易度▶ ★ ★ ★

　あるリゾートホテルの宿泊客400人について、早朝ヨガ、ハイキング、ナイトサファリの3つのオプショナルツアーへの参加状況について調べたところ、次のことが分かった。

A　早朝ヨガに参加していない宿泊客の人数は262人であった。
B　2つ以上のオプショナルツアーに参加した宿泊客のうち、少なくとも早朝ヨガとハイキングの両方に参加した宿泊客の人数は30人であり、少なくとも早朝ヨガとナイトサファリの両方に参加した宿泊客の人数は34人であった。
C　ナイトサファリだけに参加した宿泊客の人数は36人であった。

172

D　ハイキングだけに参加した宿泊客の人数は、ハイキングとナイトサファリの2つだけに参加した宿泊客の人数の5倍であった。

E　3つのオプショナルツアー全てに参加した宿泊客の人数は16人であり、3つのオプショナルツアーのいずれにも参加していない宿泊客の人数は166人であった。

　以上から判断して、早朝ヨガだけに参加した宿泊客の人数として、正しいのはどれか。

1．70人　　　2．75人　　　3．80人　　　4．85人　　　5．90人

　条件B，C，Eを次のようなベン図に整理します。すると3つとも参加した宿泊客は16人ですから、

> ・ヨガとサファリの2つだけに参加 ＝ 34 － 16 ＝ 18（人）
> ・ヨガとハイキングの2つだけに参加 ＝ 30 － 16 ＝ 14（人）

とわかります。

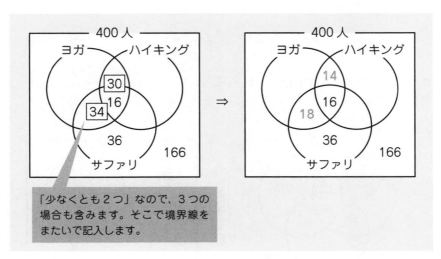

「少なくとも2つ」なので、3つの場合も含みます。そこで境界線をまたいで記入します。

　次に条件A「早朝ヨガに参加していない宿泊客の人数は262人であった」より、ヨガに参加した宿泊客は400 － 262 ＝ 138（人）です。この138人のうち、14人、16人、18人は既に判明しているので、ヨガのみに参加した宿泊客（次図☆）は、

$$☆ = 138 - (14 + 16 + 18)$$
$$= 90（人）$$

となります。

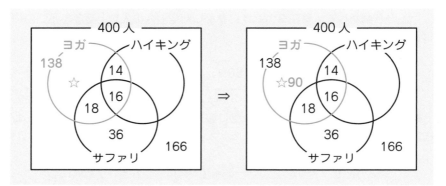

　次に条件Dより、「ハイキングとナイトサファリの2つだけに参加した宿泊客（次図の★）」を x 人、「ハイキングだけに参加した宿泊客（次図の◆）」を $5x$ 人と置きます。すると、全体400人について方程式

$$90 + 14 + 16 + 18 + 5x + x + 36 + 166 = 400$$

が成り立ちます。これを解くと $x = 10$（人）が
得られます。

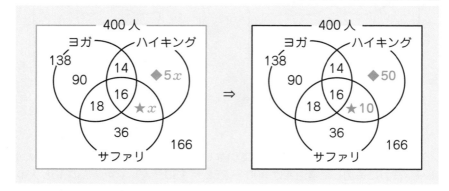

　求めるのは「早朝ヨガだけに参加した宿泊客」ですから、正解は肢5となります。

正解 5

【補足】

　今回は教育的な意味合いを兼ねて最後まで解説をしましたが、実は途中で☆＝ 90（人）と答えはわかっていました。集合の問題は全て判明することは稀ですので、解説のように最後まで解かず、答えがわかった時点で切り上げてください。

 例題の考え方を類題にも使ってみよう！

類題	東京都Ⅰ類A 2023　難易度▶ ★ ★ ☆

　ある団体に加盟する会社 300 社について、A，B，C の 3 種類の Web 会議システムの利用状況を調査したところ、次のことが分かった。

ア　A を利用している会社は 166 社、B を利用している会社は 148 社、C を利用している会社は 82 社である。

イ　A だけを利用している会社は 86 社、B だけを利用している会社は 52 社である。

ウ　A，B，C のいずれも利用していない会社は、A 及び B の両方を利用している会社の半分である。

エ　A 及び B の両方を利用している会社は、A 及び C の 2 つだけを利用している会社の 4 倍である。

　以上から判断して、A，B，C の 3 種類の Web 会議システム全てを利用している会社の数として、正しいのはどれか。

1．2 社　　　2．4 社　　　3．8 社　　　4．16 社　　　5．32 社

　条件をベン図で整理します。なお、条件エ「A 及び B の両方を利用している会社は、A 及び C の 2 つだけを利用している会社の 4 倍である」より、「A 及び C の 2 つだけを利用している会社（図の★）」を x 社と置くと、「A 及び B の両方を利用している会社（図の☆と＊の和）」は $4x$ 社と表すことができます。

　また、条件ウ「A，B，C のいずれも利用していない会社は、A 及び B の両

方を利用している会社（$4x$ 社）の半分である」より、「A，B，Cのいずれも利用していない会社（3 つのベン図の外）」は $4x$ 社の半分の $2x$ 社と表すことができます。

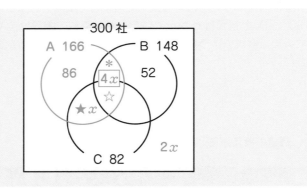

ここで、Aに注目すると、合計 166 社について次の方程式が成り立ちます。

$$86 + x + 4x = 166$$
$$\therefore x = 16 \text{（社）}$$

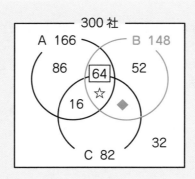

次にBに注目してください。Bの合計 148 社から 52 社と 64 社を引けば上図の◆が求められます。

$$\blacklozenge = 148 - (52 + 64)$$
$$= 32 \text{（社）}$$

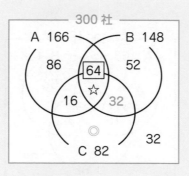

次に全体 300 社に注目してください。300 社から判明している箇所を引くと上図の◎が求められます。

$$◎ = 300 - (86 + 16 + 64 + 52 + 32 + 32)$$
$$= 18（社）$$

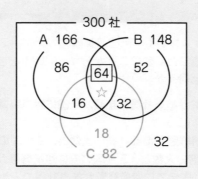

最後にCに注目してください。Cの合計 82 社から 16 社、32 社、18 社を引けば上図の☆が求められます。

$$☆ = 82 - (16 + 32 + 18) = 16（社）$$

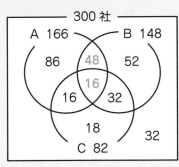

よって、正解は肢 4 となります。

正解 4

 **を解いてみよう！**

| 応用 | 国家総合職 2023　**難易度▶ ★ ★ ★** |

　ある会社の社員 50 人ついて、米国、英国、カナダ、フランスの 4 か国への渡航経験について調査した。次のことが分かっているとき、英国のみに渡航経験がある社員の人数は何人か。

○　カナダに渡航経験がある社員は全員、米国に渡航経験があり、かつ、英国に渡航経験がある。

○　1 か国のみに渡航経験がある社員の人数と、2 か国のみに渡航経験がある社員の人数の 2 倍の人数と、3 か国のみに渡航経験がある社員の人数の 4 倍の人数と、4 か国全てに渡航経験がある社員の人数の 8 倍の人数は、いずれも同じであった。

○　フランスに渡航経験がある社員について、フランスのみに渡航経験がある社員の人数と、フランスを含む 2 か国のみに渡航経験がある社員の人数と、フランスを含む 3 か国のみに渡航経験がある社員の人数と、4 か国全てに渡航経験がある社員の人数は、いずれも同じであった。

○　米国に渡航経験がある社員は 31 人であり、このうち、米国とフランスの 2 か国のみに渡航経験がある社員は 1 人であった。

1.　1 人　　　2.　3 人　　　3.　5 人　　　4.　7 人　　　5.　9 人

4 項目のベン図を描くのは大変なので、条件を使って工夫をします。1 番目の条件「カナダに渡航経験がある社員は全員、米国に渡航経験があり、かつ、英国に渡航経験がある」より、

カナダ ⟶ 米国 ∧ 英国　分解　カナダ ⟶ 米国　　カナダ ⟶ 英国

ですから、これをベン図で表すと図Ⅰのようになります。そこにフランスを合わせると図Ⅱのようになります。

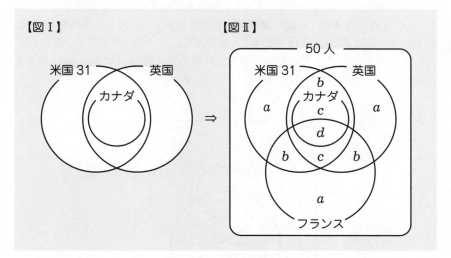

　ベン図の a, b, c, d はぞれぞれの和が、渡航経験が 1 か国～ 4 か国の人数の合計を表しています。2 番目の条件「1 か国のみに渡航経験がある社員の人数（a）と、2 か国のみに渡航経験がある社員の人数の 2 倍の人数（$2b$）と、3 か国のみに渡航経験がある社員の人数の 4 倍の人数（$4c$）と、4 か国全てに渡航経験がある社員の人数の 8 倍の人数（$8d$）は、いずれも同じであった」より、

$$a = 2b = 4c = 8d$$

が成り立ちます。ここで、d に 1, 2, 3, 4 と値を代入してみます。得られた a, b, c, d の合計を 50 人から引くことで 4 か国いずれにも渡航したことがない人数が得られます。

	1 か国 a	2 か国 b	3 か国 c	4 か国 d	渡航なし	合計
ケース1	8	4	2	1	35	50人
ケース2	16	8	4	2	20	50人
ケース3	24	12	6	3	5	50人
ケース4	32	16	8	4		

　ケース4は a, b, c, d だけで50人を超えてしまうので不適です。ケース1, 2は4番目の条件「米国に渡航経験がある社員は31人」と渡航なしの35人（ケース2は20人）を足すと50人を超えてしまうので不適です。したがって、妥当なケースは3で、4か国全てに渡航した人数は d ＝3人とわかります。

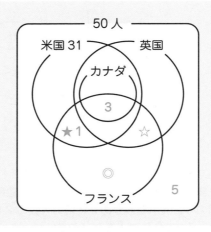

　ここで3番目の条件「フランスに渡航経験がある社員について、フランスのみに渡航経験がある社員の人数と、フランスを含む2か国のみに渡航経験がある社員の人数と、フランスを含む3か国のみに渡航経験がある社員の人数と、4か国全てに渡航経験がある社員の人数は、いずれも同じであった」を推理します。4か国全ての人数は3人ですので、1か国のみ（上図の◎）も3人です。2か国のみ（上図の★、☆の和）も3人で、さらに4番目の条件「米国とフランスの2か国のみに渡航経験がある社員（★）は1人」より、☆＝3－1＝2（人）となります。

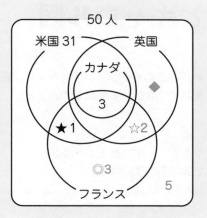

　最後に、4番目の条件より、米国に渡航したことがあるのが31人なので、渡航したことない人は 50 − 31 = 19（人）です。19人のうち、すでに判明している2人、3人、5人を引けば「英国のみに渡航経験がある社員の人数（◆）」が得られます。

$$◆ = 19 − (2 + 3 + 5)$$
$$= 9（人）$$

　したがって、正解は肢5となります。

正解 5

セクション 28 集合とキャロル図

重要度 ★★★★★

ベン図に引き続き、このセクションではキャロル図を紹介します。解き方はベン図と同じで「合計」を使います。

このセクションのGoal

・条件をキャロル図で表すことができるようになる。
・合計を使って問題を解けるようになる。

例題 28

裁判所職員 2023　難易度▶ ★ ★ ★

　X大学とY大学の2つの大学からなるサークル内で、運転免許の取得状況について調査をした結果、次のア～エのことがわかった。

ア　サークルのメンバーは男女合計で90人であった。
イ　男子学生は48人であり、うち免許を取得している者は16人であった。
ウ　X大学の男子学生で免許を取得していない者の数は、Y大学の女子学生で免許を取得している者より7人多く、Y大学の女子学生で免許を取得していない者の半分であった。
エ　X大学の女子学生の数は、Y大学の男子学生で免許を取得していない者より5人少なかった。

　このとき、Y大学の女子学生で免許を取得している者は何人か。

1. 3人　　　2. 4人　　　3. 5人　　　4. 6人　　　5. 7人

　この問題ではキャロル図という可視化の方法を紹介します。次図のように、内外に正方形を描き、正方形で区切ります。（左, 右）＝（男子, 女子）,（上, 下）＝（X大学, Y大学）,（小さい四角形の外, 内）＝（免許あり, 免許なし）と区切ることができます。

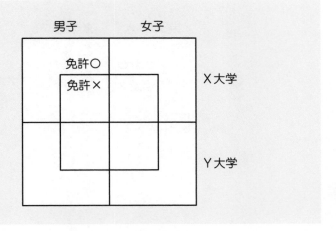

条件イより、男子学生は 48 人ですので女子学生は 90 − 48 = 42（人）です。条件ア，イをキャロル図で表します。

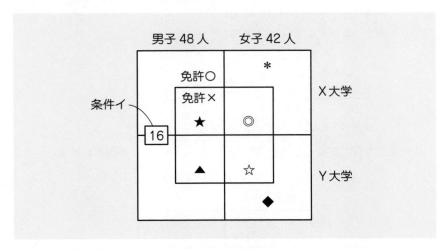

条件ウ「X大学の男子学生で免許を取得していない者（上図の★）」を a 人と置きます。すると条件ウ「Y大学の女子学生で免許を取得している者（上図の◆）より 7 人多く」より、◆は★より 7 人少ない $a − 7$（人）となります。さらに条件ウ「Y大学の女子学生で免許を取得していない者（上図の☆）の半分」より、☆は★の 2 倍の $2a$ 人となります。

条件エ「X大学の女子学生の数（上図の◎と＊の和）」を b 人と置くと、条件エ「Y大学の男子学生で免許を取得していない者（上図の▲）より 5 人少なかった」より、▲は 5 人多い $b + 5$（人）となります。

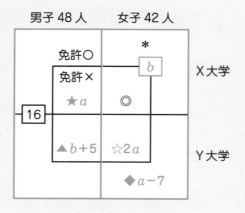

図より、男子48人、女子42人について次の方程式が成り立ちます。

男子：$a + b + 5 + 16 = 48$
女子：$b + 2a + a - 7 = 42$

$$
\begin{array}{r}
a + b = 27 \\
-)\ 3a + b = 49 \\
\hline
-2a \quad\quad = -22
\end{array}
$$

∴ $a = 11$（人）

この連立方程式を解くと $a = 11$（人），$b = 16$（人）が得られます。

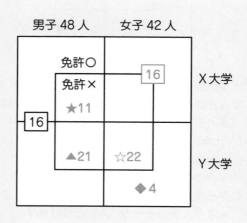

求める人数は「Ｙ大学の女子学生で免許を取得している者（図の◆）」ですから 4 人となります。

　したがって、正解は肢 2 となります。

正解 2

 例題の考え方を類題にも使ってみよう！

類題	東京都 I 類 A 2022	難易度 ▶ ★ ★ ☆

　ある会社の社員の通勤状況を調査したところ、次のことが分かった。

ア　35 歳以上の社員と 35 歳未満の社員との人数の比は、3：2 であった。
イ　全ての社員は、都外か都内のいずれかに住んでおり、都外に住んでいる社員の人数は、都内に住んでいる社員の人数より 62 人少なかった。
ウ　都外に住んでおり通勤時間が 1 時間未満である 35 歳以上の社員の人数は 26 人であった。
エ　都内に住んでおり通勤時間が 1 時間以上である 35 歳以上の社員の人数は、都内に住んでおり通勤時間が 1 時間未満である 35 歳未満の社員の人数の 3 倍であった。
オ　都内に住んでおり通勤時間が 1 時間以上である 35 歳未満の社員の人数は 14 人であり、都内に住んでおり通勤時間が 1 時間未満である 35 歳以上の社員の人数は 106 人であった。
カ　通勤時間が 1 時間以上である社員の人数は 252 人であった。
キ　通勤時間が 1 時間未満である 35 歳未満の社員の人数は、通勤時間が 1 時間未満である 35 歳以上の社員の人数の $\frac{1}{2}$ であった。

　以上から判断して、都外に住んでおり通勤時間が 1 時間以上である 35 歳以上の社員の人数として、正しいのはどれか。

1. 36 人　　　2. 40 人　　　3. 44 人　　　4. 48 人　　　5. 52 人

　条件ウ、オからわかることをキャロル図で表します。なお図より、「通勤時間が 1 時間未満である 35 歳以上の社員の人数」は 26 + 106 = 132（人）ですから、条件キより、「通勤時間が 1 時間未満である 35 歳未満の社員の人数」は 132 ÷ 2 = 66（人）となります。

また条件エの「都内に住んでおり通勤時間が 1 時間未満である 35 歳未満の社員の人数（次図の★）」を x 人と置くと、「都内に住んでおり通勤時間が 1 時間以上である 35 歳以上の社員の人数（次図の☆）」は 3 倍の $3x$ 人となります。

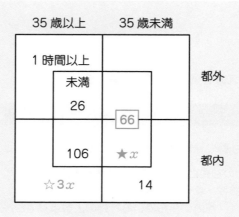

ここで、全体の人数を求めます。上図より、通勤時間が 1 時間未満の人数は 26 ＋ 106 ＋ 66 ＝ 198（人）です。また条件カより、1 時間以上の人数は 252 人ですので、全体の人数は 198 ＋ 252 ＝ 450（人）となります。

すると条件アより、35 歳以上と 35 歳未満の人数比は 3 : 2 ですから、

$$35 \text{ 歳以上の人数}$$
$$= 450 \times \frac{3}{3+2}$$
$$= 270 \text{（人）}$$

となります。35 歳未満の人数は 450 − 270 ＝ 180（人）です。

ここで、都外に住んでいる人数を a 人、都内に住んでいる人数を b 人と置くと、

$$a + b = 450$$

が成り立ちます。さらに条件イ「都外に住んでいる社員の人数は、都内に住んでいる社員の人数より 62 人少なかった」より、

$$b - a = 62$$

が成り立ちます。2 式を連立すると $a = 194$（人），$b = 256$（人）が得られます。

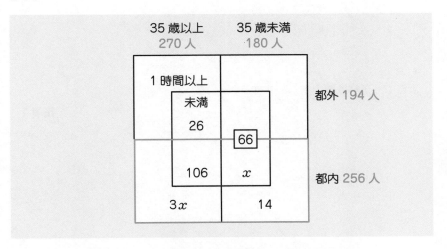

上図より、都内 256 人について次の方程式が立てられます。

$$3x + x + 106 + 14 = 256$$
$$4x = 136$$
$$\therefore x = 34 \text{（人）}$$

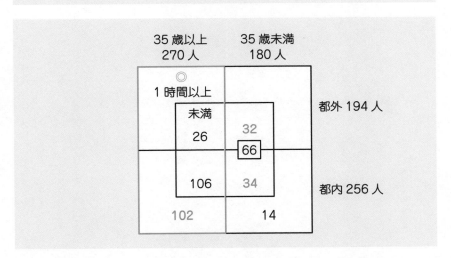

最後に、35 歳以上 270 人から判明している人数を引くと、「都外に住んで

おり通勤時間が1時間以上である35歳以上の社員（上図◎）の人数」がわかります。

◎ = 270 − (26 + 106 + 102)
　 = 36（人）

　よって、正解は肢1となります。

正解 1

第 9 章

暗号

ポイント講義は
こちら

29 50音表と暗号

重要度
★ ★ ★ ★ ★

暗号は特別区で人気の分野ですが、他の試験ではほとんど出題されません（たまに警視庁と東京消防庁）。暗号は非典型的な問題のほうが多く出題される傾向がありますが、本書ではパターン性の強い「50音表の暗号」と「記数法の暗号」を紹介します。

このセクションのGoal

・平仮名に対応する暗号を、50音表を書いて解けるようになる。

例題 29

特別区Ⅰ類 2012　難易度▶ ★ ★ ☆

　ある暗号で「晴海（はるみ）」が「1033　1236　1143」、「上野」が「1201 2210　0505」で表されるとき、同じ暗号の法則で「2223　1118　0116」と表されるのはどれか。

1.「大田」　　2.「豊島」　　3.「中野」　　4.「練馬」　　5.「港」

　「はるみ」「うえの」より、4つの数字で1つの平仮名を表していることが推測できます。

> 「は＝1033」, 「る＝1236」, 「み＝1143」
> 「う＝1201」, 「え＝2210」, 「の＝0505」

　同じ「う段」の「る」と「う」に注目してみると前半2つの数字が「12」で一致しています。ここから前半2つの数字は母音に関係していると推測できます。
　さらにその2つの数字を足してみると1＋2＝3となり、3段目の、う段と一致します。残りの暗号も同様に前半2文字を足してみます。

は（あ段）：1＋0＝1
　　　み（い段）：1＋1＝2
　　　え（え段）：2＋2＝4
　　　の（お段）：0＋5＝5

　以上より、前半2つの数字の和は母音を表していると考えることができます。
同じ理屈で後半2つの数字を足してみると次のようになります。

　　　は（は行）：3＋3＝6
　　　る（ら行）：3＋6＝9
　　　み（ま行）：4＋3＝7
　　　う（あ行）：0＋1＝1
　　　え（あ行）：1＋0＝1
　　　の（な行）：0＋5＝5

　同じあ行の「う」「え」が一致しましたし、例えば、な行は5番目ですが
「の」も5になっているところをみると、後半2つの数字の和が子音を表して
いる法則で間違っていないようです。

		後半2つの数字の和									
		1	(2)	(3)	(4)	5	6	7	(8)	9	(10)	(11)
前半2つの数字の和	1	あ	か	さ	た	な	は	ま	や	ら	わ	ん
	2	い	き	し	ち	に	ひ	み		り		
	3	う	く	す	つ	ぬ	ふ	む	ゆ	る		
	4	え	け	せ	て	ね	へ	め		れ		
	5	お	こ	そ	と	の	ほ	も	よ	ろ	を	

　これを踏まえて「2223　1118　0116」を解読すると「ね　り　ま」と読
めますので正解は肢4「練馬」となります。

正解4

ある暗号で「えちご」が「4・1・5，7・2・10，（5・2・5）」、「こうずけ」が「10・1・10，3・1・5，（3・3・5），9・1・10」で表されるとき、同じ暗号の法則で「1・2・5，（3・2・10），1・2・10」と表されるのはどれか。

1.「むさし」　　2.「かずさ」　　3.「さがみ」　　4.「いずも」　　5.「さつま」

　平文の文字数から、「え」＝「4・1・5」、「ち」＝「7・2・10」のように「?・?・?」の3つの数字で平仮名1文字を表していると考えることができます。また、（　　　　）で表されているものは「ご」や「ず」と平文に濁点がついているので、（　　　　）は濁点を表すと考えられます。

　3つ目の数字が5か10のいずれかですので、まずはそこから考えます。5の場合の平仮名に注目します。

> 「え」＝「4・1・5」
> 「こ」＝「5・2・5」
> 「う」＝「3・1・5」
> 「す」＝「3・3・5」

　ここから次の50音表のように1つ目の数字が母音、2つ目の数字が子音を表すと推測できます。

	1	2	3	4	5	6	7	8	9	10
1	あ	か	さ	た	な	は	ま	や	ら	わ
2	い	き	し	ち	に	ひ	み		り	
3	う	く	す	つ	ぬ	ふ	む	ゆ	る	
4	え	け	せ	て	ね	へ	め		れ	
5	お	こ	そ	と	の	ほ	も	よ	ろ	を

次に 3 つ目の数字が 10 の場合を考えます。

> 「ち」=「7・2・10」
> 「こ」=「10・1・10」
> 「け」=「9・1・10」

次表のように 10 文字ずつ区切って 1 ～ 5 のグループに分けると、例えば「ち」であれば 2 番目のグループの 7 文字目、「こ」であれば 1 番目のグループの 10 文字目と読むことができます。

		1		2		3		4		5	
1	6	あ	か	さ	た	な	は	ま	や	ら	わ
2	7	い	き	し	ち	に	ひ	み		り	
3	8	う	く	す	つ	ぬ	ふ	む	ゆ	る	
4	9	え	け	せ	て	ね	へ	め		れ	
5	10	お	こ	そ	と	の	ほ	も	よ	ろ	を

これより暗号の 3 つの数字は、

> 「グループの中の何文字目か・グループ番号・1 グループの文字数」

を表すことがわかりました。

「1・2・5,（3・2・10），1・2・10」は「か，ず，さ」と変換できますので、正解は肢 2 となります。

正解 2

30 記数法と暗号

重要度
★ ★ ★ ★ ★

記数法を融合させた暗号は、他のタイプの暗号と比べて気づきやすいので正解の確率が格段に上がります。暗号が苦手な特別区志望者も記数法タイプだけは学習しておきましょう。

このセクションのGoal

・記数法の暗号だと気づけるようになる。

基礎知識

【記数法とは】

n 種類（n は整数）の記号を用いて数の大きさを表す方法を n 進法と言います。例えば私たちが普段使っている 10 進法は 0 ～ 9 の 10 種類の記号を使って数の大きさを表しています。

3 進法であれば、0，1，2 の 3 種類、5 進法であれば 0，1，2，3，4 の 5 種類を使います。

数の大きさは次のように表されます。

10進法	1	2	3	4	5	6	7	8	9	10	11	12	13
3進法	1	2	10	11	12	20	21	22	100	101	102	110	111
5進法	1	2	3	4	10	11	12	13	14	20	21	22	23

使える記号を使い切ったら、繰り上げて再度 0，1，2…と書いていくイメージです。

【いつ記数法タイプの暗号と気づけるか？】

暗号が n 種類の記号で構成されていたら、n 進法を疑ってみてください。

　ある暗号で「ＨＡＺＥ」が「赤青黄，赤赤赤，青青黄，赤黄黄」、「ＧＵＳＴ」が「赤青赤，青赤青，青赤赤，青赤黄」で表されるとき、同じ暗号の法則で「黄青赤，黄黄青，黄黄黄，青青赤」と表されるのはどれか。

1.「ＫＮＯＢ」
2.「ＰＩＮＫ」
3.「ＳＩＣＫ」
4.「ＰＯＮＹ」
5.「ＲＵＩＮ」

　暗号が赤、青、黄の３種類しかないところから、この暗号は 0，1，2 しか使えない３進法に対応していると推測できます。ここから赤、青、黄と 0，1，2 の対応を調べます。
　まず「Ａ」＝「赤赤赤」より、Ａ＝000 と推測し、そこから３進法の規則に則って１つずつ数を増やしていきます。

	A	B	C	D	E	F	G
10 進法	000	001	002	003	004	005	006
3 進法	000	001	002	010	011	012	020
暗号	赤赤赤	赤赤黄	赤赤青	赤黄赤	赤黄黄	赤黄青	赤青赤

	H	I	J	K	L	M	N
10 進法	007	008	009	010	011	012	013
3 進法	021	022	100	101	102	110	111
暗号	赤青黄	赤青青	黄赤赤	黄赤黄	黄赤青	黄黄赤	黄黄黄

	O	P	Q	R	S	T	U
10 進法	014	015	016	017	018	019	020
3 進法	112	120	121	122	200	201	202
暗号	黄黄青	黄青赤	黄青黄	黄青青	青赤赤	青赤黄	青赤青

	V	W	X	Y	Z
10進法	021	022	023	024	025
3進法	210	211	212	220	221
暗号	青黄赤	青黄黄	青黄青	青青赤	青青黄

　問題文のアルファベットと暗号の対応も問題ないようです。これより赤＝0，黄＝1，青＝2に対応していることがわかります。

　以上より、「黄青赤，黄黄青，黄黄黄，青青赤」＝「120，112，111，220」＝「P，O，N，Y」と読むことができます。

　したがって、正解は肢4となります。

正解 4

 例題の考え方を類題にも使ってみよう！

　ある暗号において、「犬」は「12＋30＋4」、「鳥」は「4＋33＋14＋2」と表されるとき、「100＋21＋34」を意味するものとして、正しいのはどれか。

1. 牛　　　2. 太陽　　　3. 猫　　　4. 空　　　5. 地図

STEP1　**平文の表し方を確定させよう**

　「12＋30＋4」は「12」、「30」、「4」と3つの数から成り立っているので原文は3文字だと推測ができます。暗号は一般的に平文をカナ、ローマ字、英語のいずれかで表します。「犬」であれば「イヌ」、「ＩＮＵ」、「ＤＯＧ」とします。暗号の文字数（3文字）と一致するのはローマ字表記「ＩＮＵ」か英語表記「ＤＯＧ」のいずれかです。「鳥」＝「4＋33＋14＋2」も同様にローマ字表記「ＴＯＲＩ」か英語表記「ＢＩＲＤ」が考えられます。

　ここで選択肢も見てみましょう。

選択肢	ローマ字	英語
1 牛	USI	COW
2 太陽	TAIYOU	SUN
3 猫	NEKO	CAT
4 空	SORA	SKY
5 地図	TIZU, CHIDU	MAP

暗号は「100」、「21」、「34」の3文字なので、英語表記のほうが妥当だと気づきます。

STEP2 暗号と平文の対応を考えよう

①DOG＝12＋30＋4、②BIRD＝4＋33＋14＋2に共通するDに注目します。①ではD＝12に、②ではD＝2に対応しており共通していません。しかし、平文を逆さにすると、

①GOD＝12＋30＋4
②DRIB＝4＋33＋14＋2

となり、D＝4で一致します。以上より、平文を逆さに読むことで暗号に対応すると推測ができます。

12	30	4
G	O	D

4	33	14	2
D	R	I	B

STEP3 暗号を見抜こう

暗号を見ると0，1，2，3，4の5種類の数字しか使っていないので、暗号は5進法で表記されていると推測します。5進法では5〜9を使えないので、4の次は10，14の次は20，44の次は100となります。

1	2	3	4	10	11	12	13	14	20	21	22	23
A	B	C	D	E	F	G	H	I	J	K	L	M

24	30	31	32	33	34	40	41	42	43	44	100	101
N	O	P	Q	R	S	T	U	V	W	X	Y	Z

　条件とも一致するので問題なさそうです。これより、「100 ＋ 21 ＋ 34」＝「YKS」となり、逆さに読むとＳＫＹ（空）となります。したがって、正解は肢 4 です。

正解 4

第**10**章

操作手順

ポイント講義は
こちら

31 ニセガネ問題

重要度
★ ★ ★ ★ ★

この章では「古典的な操作手順」を紹介します。操作手順の問題は、昔からある古典的な問題と、出題者が考えたオリジナル要素の強い問題に大別できます。古典的な問題は出題頻度こそ低いものの、解き方を覚えておけば確実に正解できるものが多いのが特徴です。なお、オリジナル要素の強い問題については、第6章「その他推理」の問題のように推理、仮定、可視化を駆使して解くことになります。

このセクションのGoal

・ニセモノの重い軽いが判明しているニセガネ問題を、原理を理解した上で解けるようになる。

基礎知識

【ニセガネ問題とは？】

・複数のコインの中に重さの異なる偽物が1枚紛れており、てんびんを使ってそれを特定するのにかかる回数を求める問題のことを言います。

・偽物が本物より軽いか重いか判明している問題を扱います。

軽いか重いか判明していない問題もあるけれど、めったに出ないので本書では割愛します。

【求め方】

① コインを「左のてんびんに乗せる」「右のてんびんに乗せる」「てんびんに乗せない」の3つのグループに分ける。

② ①の操作を1回として、以降は繰り返していくだけ。

例題の解説で理屈を説明しますが、理屈は重要ではありません。3つのグループに分けることを1回の操作とすることだけを覚えてください。

例題31

警視庁 2017　難易度▶ ★ ☆ ☆

24 枚のコインのうち、1 枚は偽物で本物のコインよりも軽く、他の 23 枚は全て本物で同じ重さである。1 台の天秤を使って確実に偽物のコインを特定するために使用する天秤の最少の使用回数として、最も妥当なのはどれか。

1. 2回　　　2. 3回　　　3. 4回　　　4. 5回　　　5. 6回

1回目

24 枚のコインを（8 枚，8 枚，8 枚）と 3 つのグループに分けます。3 つのうち、2 つをてんびんに乗せると次の 2 通りの現象が起こります。

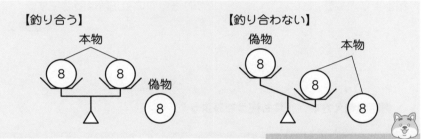

いずれにせよ、3 つのグループから 1 つに絞ることができました。

実際に解くときは、場合分けは不要です。3 つのグループに分ければ 1 つに絞れるという事実だけで十分です。

2回目

8 枚のコインを（3 枚，3 枚，2 枚）と 3 つのグループに分けます。3 枚のグループをてんびんに乗せると次の 2 通りの現象が起こります。

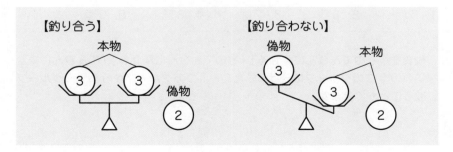

いずれにせよ、3 つのグループから 1 つに絞ることができました（ここでは 3 枚のグループの中に偽物があったとして話を進めます）。

3回目

　3枚のコインを（1枚，1枚，1枚）と3つのグループに分けます。1枚ずつ計2枚をてんびんに乗せると次の2通りの現象が起こります。

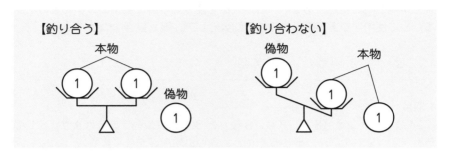

【釣り合う】　本物　1　1　偽物　1

【釣り合わない】　偽物　1　本物　1

　以上より、3回あれば確実に偽物が見つけられるので正解は肢2です。

（ 正解 2 ）

例題の考え方を類題にも使ってみよう！

類題	裁判所職員 2007　難易度▶ ★ ★ ★

　同じ形・大きさの硬貨が200枚ある。この中に1枚だけ他と比べて重量の軽い偽物が混じっているとき、正確に重量を比較することができる上皿天秤1台を使って、確実に偽物を見つけ出すためには、最少で何回この天秤を使えばよいか。ただし、偶然見つかった場合は最低回数にしないものとする。

1．5回　　　2．6回　　　3．7回　　　4．8回　　　5．9回

　硬貨を「左のてんびんに乗せる」「右のてんびんに乗せる」「てんびんに乗せない」の3つのグループに分けることで、3つのグループから1つのグループに絞ることができます。

	左	右	乗せない
1回目	67	67	66

左の 67 枚に偽物があったとします。（22，22，23）と分けます。

	左	右	乗せない
2回目	22	22	23

乗せなかった 23 枚に偽物があったとします。（8, 8, 7）と分けます。

	左	右	乗せない
3回目	8	8	7

左の 8 枚に偽物があったとします。（3，3，2）と分けます。

	左	右	乗せない
4回目	3	3	2

左の 3 枚に偽物があったとします。（1，1，1）と分けます。

	左	右	乗せない
5回目	1	1	1

　以上より、5 回の操作で確実に偽物を見つけることができますので、正解は肢 1 となります。

正解 1

32 油分け算

重要度
★ ★ ★ ★ ★

このセクションでは、水や油を容器に移し替えてぴったり分量を量る「油分け算」の解法を紹介します。手順に従って実際に数字を書く解法と、グラフを描いて視覚的に回数を追っていく解法の2種類がありますが、本書では後者を紹介します。

このセクションのGoal

・油分け算を、グラフを描いて解けるようになる。

例題 32

東京都 I 類 B 2022 難易度▶ ★ ★ ★

水が満たされている容量 18 リットルの容器と、容量 11 リットル及び容量 7 リットルの空の容器がそれぞれ一つずつある。三つの容器の間で水を順次移し替え、容量 18 リットルの容器と容量 11 リットルの容器とへ、水をちょうど 9 リットルずつ分けた。各容器は容量分の水しか計れず、一つの容器から別の容器に水を移し替えることを 1 回と数えるとき、水をちょうど 9 リットルずつに分けるのに必要な移し替えの最少の回数として、正しいのはどれか。

1. 15 回   2. 16 回   3. 17 回   4. 18 回   5. 19 回

18 リットル、11 リットル、7 リットルの容器をそれぞれ「大」「中」「小」とします。次の図のように、横軸を「中」、縦軸を「小」としたグラフを描きます。

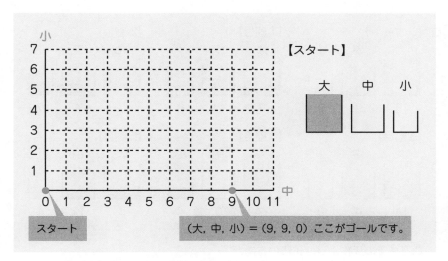

次の手順でグラフに矢印を描き込みます。

① (中, 小) = (0, 0) から (11, 0) に向かって右に矢印を伸ばす。
② (中, 小) = (11, 0) から (4, 7) に向かって左斜め上に矢印を伸ばす。
③ (中, 小) = (4, 7) から (4, 0) に向かって真下に矢印を伸ばす。
④ (中, 小) = (4, 0) から (0, 4) に向かって左斜め上に矢印を伸ばす。
⑤ (中, 小) = (0, 4) から (11, 4) に向かって右に矢印を伸ばす。

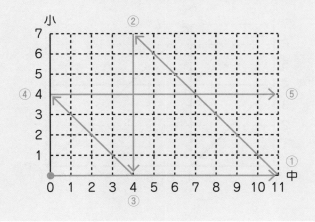

　具体的にどのように移し替えているのかを次図に示しますが、解答には影響しないので実際には描かなくて大丈夫です。

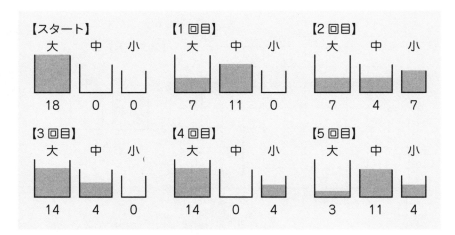

ここまでの操作より、矢印の方向が

・左端から右端まで引っ張る

・左斜め上に引っ張る

・天井に当たったら真下に引っ張る

・床に当たったら左斜め上に引っ張る

のいずれかの規則で移動していることがわかります。続きは次のようになります。

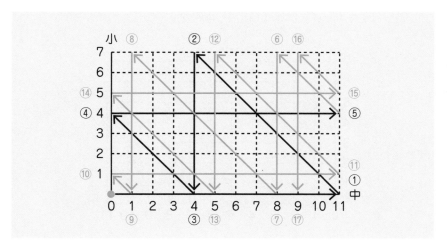

　以上より、⑰で（大，中，小）＝（9，9，0）に到達できたので最少回数は17回となります。

　したがって、正解は肢3となります。

正解 3

例題の考え方を類題にも使ってみよう!

　樽に 12 L のワインが入っている。このワインを 5L の升 A と 7L の升 B を使って 6L ずつに分けることにした。最少の回数で分けるには、何回の移し替え操作が必要か。ただし、ワインは樽に戻してもよく、樽と升 A、樽と升 B 及び升 A と升 B の間でワインを移すごとに 1 回の操作と数えるものとする。

1. 10 回　　　2. 11 回　　　3. 12 回　　　4. 13 回　　　5. 14 回

　横軸を升 B、縦軸を升 A としたグラフを描きます。移し替え操作の様子は次図のようになります。

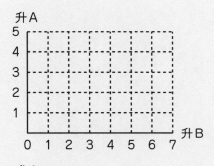

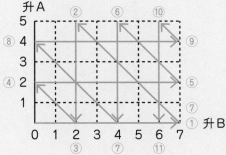

　11 回目の手順で（樽，升 B，升 A）＝（6，6，0）となり題意を満たします。したがって、正解は肢 2 となります。

正解 2

MEMO

第11章

正多面体の知識

セクション33　正多面体の知識

ポイント講義は
こちら

セクション 33 正多面体の知識

重要度 ★ ★ ★ ★ ★

この章から空間把握を扱います。この章では正多面体の問題を紹介しますが、それと同時に空間把握の問題へのアプローチの仕方を紹介します。正多面体自体はそこまで人気分野ではないですが、空間把握の解き方を解説したいので重要度を★4つとしました。

このセクションの Goal

・空間把握の問題を、知識を使用してイメージせず解けるようになる。

基礎知識

【空間把握の解法】

　よく「イメージができないから空間把握の問題を解けない」といった悩みを聞くことがありますが、そもそも空間把握の問題はほとんどイメージをしません（投影図など一部を除きます）。まずは「脱・イメージ」をモットーに、あらゆる手を尽くしてイメージせずに問題を解く方法を身につけましょう。具体的には次のようなものがあります。

①消去法で間違いを探す
②図に記号をつけて、その記号の動向を追う（マーキング）
③知識を駆使して解く

　このセクションでは③を使って正多面体の問題を攻略します。

【正多面体】

　全て合同な正多角形で構成された立体を正多面体と言い、次の5種類しかありません。面の数と頂点の数は知識として覚えましょう。

名称	正四面体	正六面体	正八面体	正十二面体	正二十面体
見取図					
面の数	4	6	8	12	20
頂点の数	4	8	6	20	12

　下の図のような正十二面体における平行な辺の組合せの数として、妥当なのはどれか。

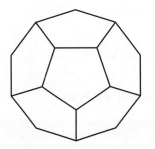

1. 10　　　2. 13　　　3. 15　　　4. 18　　　5. 20

STEP**1**　**解法の方針を立てよう**

　正十二面体は、図形の対称性から必ず平行な辺のペアができます。つまり、正十二面体の辺の総数さえわかれば、それを2で割って正解が得られます。

STEP**2**　**正十二面体の辺の数を求めよう**

　正十二面体は正五角形が12面合わさってできた立体です。正五角形1つにつき5本の辺があり、それが12面あるので 5 × 12 = 60（本）の辺がある……といいたいところですが、図が示す通り、2つの面で1本の辺を共有していますから2で割ってあげましょう。辺の総数は 60 ÷ 2 = 30（本）です。

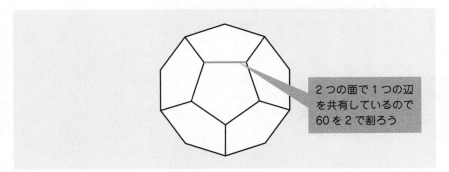

2つの面で1つの辺
を共有しているので
60を2で割ろう

辺の総数は 30 本で、必ず平行なペアができあがりますので 30 ÷ 2 = 15 （組）の平行なペアがあります。

したがって、正解は肢 3 となります。

正解 3

 例題の考え方を 類題 にも使ってみよう！

| 類題 | 国家一般職 2021 | 難易度▶ ★ ★ ☆ |

図Ⅰの正二十面体の各辺を 3 等分して、図Ⅱのように灰色で塗られた各頂点を含む部分（正五角錐）を全て取り除くと、図Ⅲのような多面体ができる。

正二十面体の面は 20 個、頂点は 12 個、辺は 30 本である。このとき、図Ⅲの多面体の面、頂点、辺の数の組合せとして妥当なのはどれか。

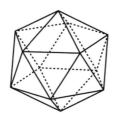 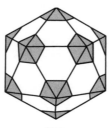 

図Ⅰ　　　　　　　　図Ⅱ　　　　　　　　図Ⅲ

	面（個）	頂点（個）	辺（本）
1.	32	50	80
2.	32	60	90
3.	32	72	100
4.	36	48	90
5.	36	60	100

STEP1 **面の数を求めよう**

切り取った後の立体の面は、

①元の正三角形からできた正六角形
②頂点を取り除くことでできた正五角形

②頂点を取り除いてできた面

①元は正三角形だった面

の2種類です。

①の元の正三角形は「正二十面体の面は20個」より、20個です。

②の取り除いた頂点の個数は「頂点は12個」より、12個ですから、そこから
できる正五角形は12個です。

したがって、20 + 12 = 32（個）の面が図Ⅲにはあります。

STEP2 **頂点の個数を求めよう**

頂点を取り除くことで、頂点が5個の正五角形が現れたわけですから、

1個の頂点につき5個の頂点 × 12個の頂点 = 60（個）

の頂点が図Ⅲにはあります。

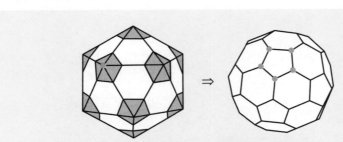

1個の頂点につき、5個の頂点が出現する

①の正六角形は 20 個あるので辺の本数は 6 × 20 = 120（本）です。

②の正五角形は 12 個あるので辺の本数は 5 × 12 = 60（本）です。

したがって、120 + 60 = 180（本）となりますが、実際は 2 つの面で 1 本の辺を共有しているので 180 を 2 で割らなくてはいけません。180 ÷ 2 = 90（本）となります。

以上より、正解は肢 2 となります。

正解 2

第 12 章

立体の切断

ポイント講義は
こちら

34 立体の切断①

重要度
★ ★ ★ ★ ★

このセクションでは切断線の引き方を紹介します。切断線は2つの性質を用いて引くことになります。少し難しい問題に対してはテクニックが必要ですが、そこまで難しくないので安心してください。

このセクションのGoal

・切断線が引けるようになる。
・立体に補助線を引いて切断線が引けるようになる。

基礎知識

【切断線の引き方（基本）】
①同一平面上の2点を通るような直線を引く
②平行に向かい合う面に、平行な切断線を、点を通るように引く
例）A，B，C を通る平面で切断したときの切断線

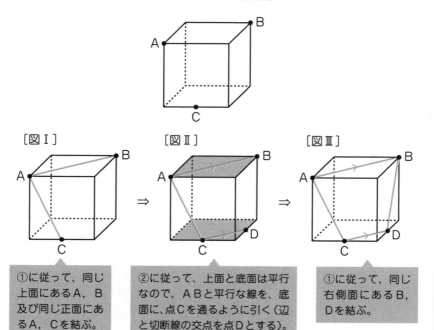

［図Ⅰ］　　　⇒　　　［図Ⅱ］　　　⇒　　　［図Ⅲ］

①に従って、同じ上面にあるA，B及び同じ正面にあるA，Cを結ぶ。

②に従って、上面と底面は平行なので、ABと平行な線を、底面に、点Cを通るように引く（辺と切断線の交点を点Dとする）。

①に従って、同じ右側面にあるB，Dを結ぶ。

[よくある間違い⇒Ａ，Ｂ，Ｃを直接結んでしまう]

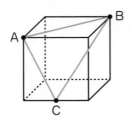

間違えポイント①
「Ａ，Ｂ，Ｃを通る平面」を「Ａ，Ｂ，Ｃを結んだ三角形」と勘違いしてしまう。

間違えポイント②
そもそも切断線は、立体の表面に描かれるものであり、立体の内部を貫通することはない！

【切断線の引き方（上級テクニック）】

　切断線の引き方①，②で引けないときは、補助線を引いて面を拡張してみましょう。詳しくは次の例題で解説します。

第12章
立体の切断

例題 **34**

東京都キャリア採用試験 2015　難易度▶ ★ ★ ★

　立方体の頂点及び中点のうちの３点Ａ，Ｂ，Ｃを通る平面で切断した場合の切り口が三角形となる立方体として、正しいのはどれか。

1.
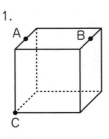

2.
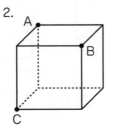

3.
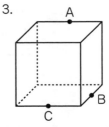

4.
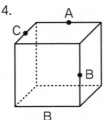

5.
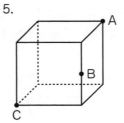

　正解を求めるだけなら簡単ですが、全ての選択肢の切断面を描いてみます。簡単な順に２→１→５→３→４の順に解説します。

217

2○　正三角形

切断線の引き方①「同一平面上の2点を通るような直線を引く」に従って、A，B，Cをそれぞれ結ぶと正三角形になりますのでこれが正解です。

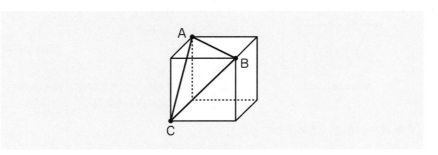

1×　長方形

切断線の引き方②「平行に向かい合う面に、平行な切断線を、点を通るように引く」に従って、上面のABと平行な線を底面に、点Cを通るように引きます。同様に左側面のACと平行な線を右側面に、点Bを通るように引きます。

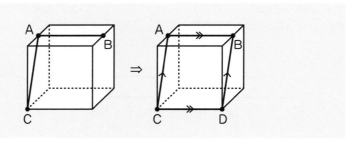

5×　ひし形

切断線の引き方②「平行に向かい合う面に、平行な切断線を、点を通るように引く」に従って、右側面のABと平行な線を左側面に、点Cを通るように引きます。同様に正面のBCと平行な線を背面に、点Aを通るように引きます。

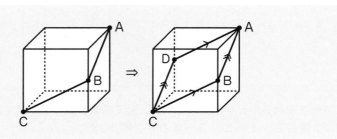

3 × 正六角形

切断線の引き方②「平行に向かい合う面に、平行な切断線を、点を通るように引く」に従って、底面のBCと平行な線を上面に、点Aを通るように引くことはできるのですが、それ以上引くことができません。このような場合は、補助線を引いて面を拡張し、切断線を延長します。

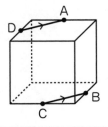

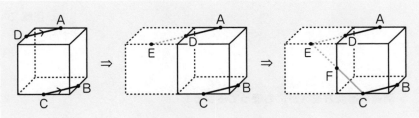

後は切断線の引き方①，②に従って引くことが可能です。

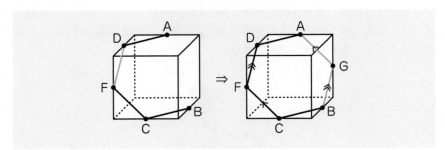

4 × 五角形

肢3と同様に面を拡張して切断線を延長します。

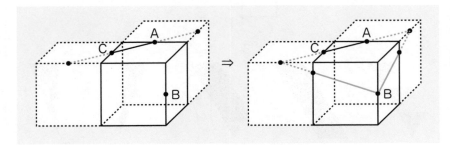

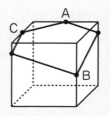

正解 2

 例題の考え方を類題にも使ってみよう！

類題① 　　　　　　　　　　　　　　　　　警視庁 2017　　難易度▶ ★ ★ ★

　下図のように同じ大きさの立方体を互いの面同士ぴったり合わせて 6 個積み
上げてできた立体がある。この立体を頂点 A，B，C を通る平面で切断した時
の断面として、最も妥当なのはどれか。

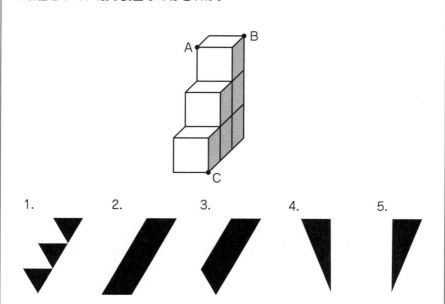

まず、①「同一平面上の2点を通るような直線を引く」に従って上段の上面にあるA，B及び右側面にあるB，Cを結ぶ直線をそれぞれ引きます。また、切断線と立体の交点をD，Eとします。

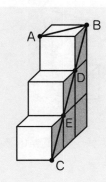

　次に上段、中段、下段の上面（次図の着色面）に注目してください。この3面は平行です。つまり②「平行に向かい合う面に、平行な切断線を、点を通るように引く」に従って、ＡＢに平行な直線をD，Eを通るように引くことができます。

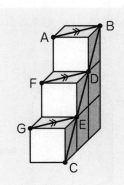

　最後に①に従って上段，中段，下段の正面にＡＤ，ＦＥ，ＧＣをそれぞれ結びます。

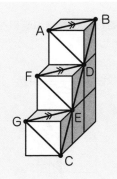

三角形が3つできます。したがって、正解は肢1となります。

　図のような正五角柱を点A，B，Cを通るような平面で切断する。上側の立体を取り除き、矢印の方向から色のついた面を垂直になるように見たとき、見える切断面として妥当なのはどれか。

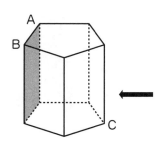

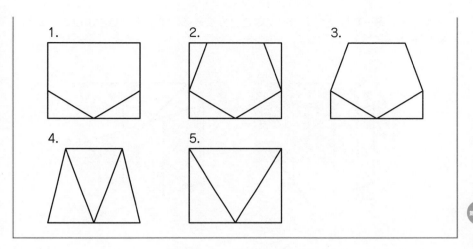

まず、次図のように補助線を引いて図形を拡張します。

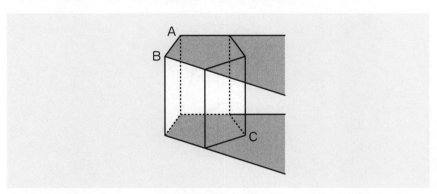

平行に向かい合う面には、平行な切断線を引くことができるので、底面にABと平行な線を、点Cを通るように引きます。

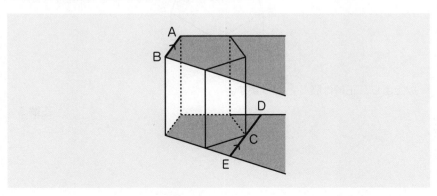

すると、同一平面上の２点は結ぶことができるので、Ａ，ＤおよびＢ，Ｅを結びます。

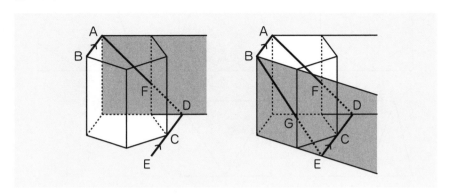

最後にＦ，ＧをそれぞれＣと結びます。

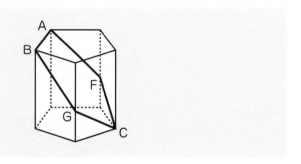

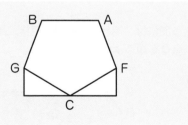

以上より、正解は肢３となります。

正解3

セクション

35 立体の切断②

重要度
★ ★ ★ ★ ★

このセクションでは「有名な立体の切断面」という知識と、「消去法」という解法を紹介します。やや頻度が落ちますが、消去法の考え方はほとんど全ての空間把握に使う超重要な考え方なので重要度★5つとしました。

このセクションの Goal

・空間把握の問題を、間違いを探して消去法で解けるようになる。
・立方体と円錐の切断面及び切断の方法を覚えて問題を解けるようになる。

基礎知識

【消去法について】

　空間把握では全体を見て（イメージして）正解を見つけるのが難しいので、発想を変えて一部を見つめて間違いを探すことがあります。全ての問題ではありませんが、使用頻度は高い重要な考え方です。

【立方体の切断面】

　〔正三角形〕　〔二等辺三角形〕　〔正方形〕　　　〔台形〕　　　〔長方形〕

〔平行四辺形・ひし形〕　　〔五角形〕　　〔六角形〕

各辺の中点を通ると正六角形
になります

・できない切断面⇒正五角形、七角形以上の多角形、直角三角形、
　　　　　　　　　平行でない四角形

消去法で使えると
きがあります

【円錐の切断面】

| 【円】 | 【楕円】 | 【放物線】 | 【双曲線】 | 【二等辺三角形】 |

母線

| 切り方 | 底面に平行 | 底面に斜め | 母線に平行 | 底面に垂直 | 頂点を通り
底面に垂直 |

例題 35　　　　　　　　　　　　　　　国家Ⅱ種 2005　難易度▶ ★ ☆ ☆

　図のような立方体の二辺の中点Ａ，Ｂ及び太線部以外のいずれかの辺の中点
の三つの点を必ず通る平面の断面図として、ア〜カのうちで、できるものをす
べて挙げているのはどれか。

ア　正三角形
イ　正方形
ウ　長方形
エ　正五角形
オ　正六角形
カ　八角形

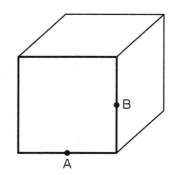

1.　ア、イ
2.　ア、ウ、オ
3.　イ、エ、カ
4.　イ、エ、オ
5.　ウ、カ

STEP1 **消去法で肢3，4，5を除外しよう**

立方体をどのように切断しても正五角形（エ）、七角形以上の多角形（カの八角形）はできません。したがって、エ、カが含まれる肢3，4，5を消去します。

肢	切断面
1	ア、イ
2	ア、ウ、オ
3	イ、エ、カ
4	イ、エ、オ
5	ウ、カ

◆消去法のコツ①
特徴のある形、選択肢に目をつけよう！
この場合、正五角形と八角形はあり得ないことを知っていれば、特徴のある選択肢に気づけたはずです。

STEP2 **残った選択肢の決定的な違いを検討しよう**

残った肢1，2において、アは共通しているので検討する必要はありません。イ、ウ、オのうちいずれか1つの正誤が確認できれば大丈夫です。試しにウの長方形を調べます。

◆消去法のコツ②
残った選択肢の全てを調べる必要はありません。何らかの「違い」があるはずなのでそれを見つけて検討しよう。

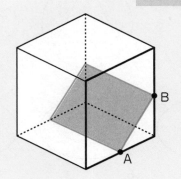

長方形は上図のようにできますのであり得ます。したがって、ウがない肢1は誤りで、肢2が正解となります。

ちなみに次図のように切断することで正六角形になりますが、深追いは禁物です。

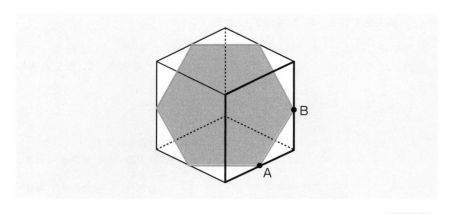

 例題の考え方を類題にも使ってみよう!

| 類題 | 東京消防庁 2022 | 難易度▶ ★ ★ ★ |

　下の図は、球に直円錐が内接したものである。この立体を平面で切断したときの断面として、最も妥当なのはどれか。

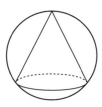

1.

2.
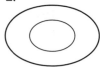

3.

4.
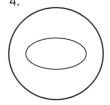

5.

まず、球を平面で切断したとき、球の切断面は必ず円になりますので、楕円の肢1、2、3は間違いです。

　次に肢5を検討します。円錐の切断面が二等辺三角形になっています。切断面が二等辺三角形になるには底面に垂直に、かつ、円錐の頂点を通るように切断しなくてはいけません。問題文「球に直円錐が内接」より、円錐の頂点は球に内接しているので、切断面の頂点も球の切断面の円に内接しなくてはいけません。

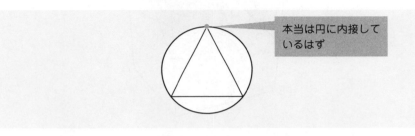

本当は円に内接しているはず

　したがって、消去法により正解は肢4となります。

　ちなみに肢4は円錐の切断面が楕円になっていることから、円錐を底面に対して斜めに切断していることがわかります。

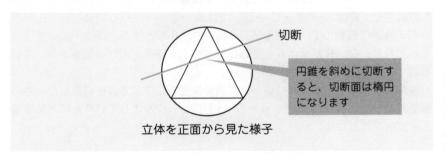

切断

円錐を斜めに切断すると、切断面は楕円になります

立体を正面から見た様子

正解 4

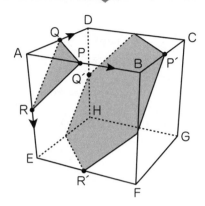

　図のように、一辺の長さが1の立方体ABCD－EFGHとその辺の上を動く点P，Q，Rを考える。

　今、3点P，Q，Rは時刻0において頂点Aを同時に出発し、いずれも毎秒1の速さで、PはA→B→C→G、QはA→D→H→G、RはA→E→F→Gの経路で移動して、3秒後に頂点Gで停止するとする。（P´，Q´，R´は、それぞれP，Q，Rが頂点Aを出発してから1.5秒後における位置を示している。）

　時刻 x において、3点P，Q，Rを通る平面でこの立方体を切断したときの断面積をS（x）とおくとき、y＝S（x）のグラフを表しているものとして最も妥当なのはどれか。

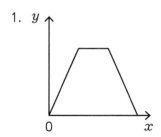

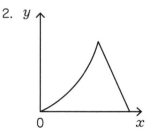

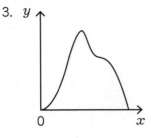

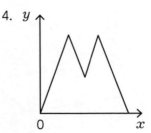

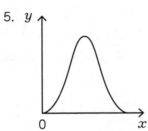

消去法で考えます。

出発してからの 1 秒間に注目します。この間、切断面は正三角形になります。

正多角形は相似ですから、0 ～ 1 秒の間は相似な形のまま、大きさのみが変化していきます。相似な図形の面積比は、相似比（長さの比）の 2 乗に比例しますから、次図に示すように 2 次関数の放物線を描きます。

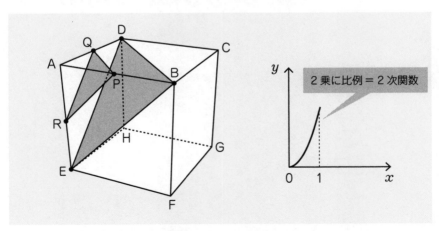

これより、直線を描いている肢 1，4 は間違いであることがわかります。

次に 1 ～ 2 秒を飛ばして、2 ～ 3 秒を見てください。これは 0 ～ 1 秒と逆

の流れで切断面は正三角形のまま推移していきます。したがって、グラフは0
〜1秒を反転させたような形になるはずです。

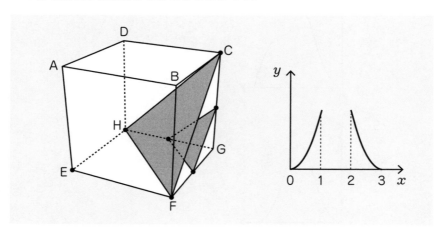

消去法により肢5しかあり得ません。

正解5

【補足】
　1〜2秒の間は計算が困難なのでやりません。今回の問題のように、完全に
はわからなくても消去法的に正解の結論を出す問題は結構ありますので割り
切ってください。

第13章

投影図

ポイント講義は
こちら

36 投影図①

重要度
★ ★ ★ ★ ★

空間把握の問題は基本的にイメージをしないで解きますが、この章で紹介する投影図はイメージに頼ることになります。まずは与えられた投影図から立体をイメージできるようになりましょう。多くの試験種で出題され、比較的頻度も高いです。

このセクションのGoal

・投影図の状態から、積み上げられた立方体の個数を数えることができるようになる。

基礎知識

【投影図とは？】

　立体を、ある方向から見て平面に表した図のことを投影図と言います。平面で表すので奥行き、遠近感がなくなります。

　例えば、次図のように小立方体を積み上げたとき、正面、右側面、上面（平面）から見たときの見え方（投影図）は次のようになります。

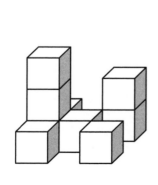

［上面図（平面図）］

左　　　　右
後

前
上　　　　　　　　　　　　　　　上

下　　　　　　　　　下
左　　　　　右　前　　　　　後
　　［正面図］　　　［右側面図］

投影図を見ると、正面図では前後の遠近感がわかりません。右側面図では左

右の遠近感が、上面図では上下の遠近感がわかりません。このように1つの視点では遠近感が失われてしまうので、それを他の視点で補っていくのが投影図の解法となります。

例題 36

東京都Ⅰ類B 2021　難易度▶ ★ ★ ★

同じ大きさの立方体の積み木を重ねたものを、正面から見ると図1、右側から見ると図2のようになる。このとき、使っている積み木の数として**考えられる最大の数と最小の数の差**として、妥当なのはどれか。

1. 0
2. 2
3. 4
4. 6
5. 8

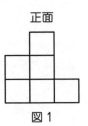

正面

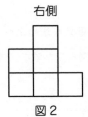

右側

図1　　　　図2

STEP1　**最小の個数を求めよう**

正面図、右側面図の情報を上から見た図に書き込むと次のようになります。

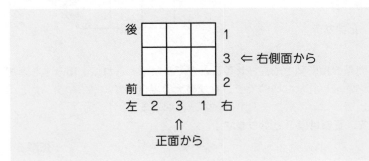

図より、積み木が3つ積まれているのはちょうど真ん中、2つ積まれているのは左の手前、1つ積まれているのは右の後ろとわかります。

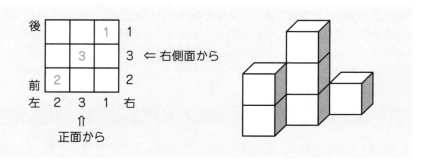

　これで問題の正面図、右側面図が成立します。この 6 個が最小の数となります。

STEP2 **最大の個数を求めよう**

　問題の投影図を満たすのであれば、まだまだ積み木を追加することができます。

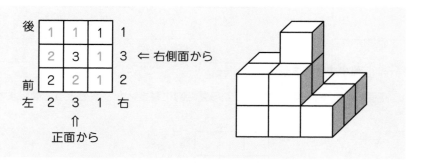

　これでも問題の投影図を成立させることができます。これ以上積み木を追加すると投影図が成り立たないので、これが最大の場合です。最小の場合から 8 個積み木を追加したので最大と最小の差は 8 となります。

　したがって、正解は肢 5 となります。

正解 5

同じ大きさの立方体27個を隙間なく積み重ねて、右のような大きな立方体を作った。これから、小さな立方体をいくつか取り除いてできた立体を、①及び②の矢印の方向から見たところ、それぞれ図Ⅰ及び図Ⅱのようになった。このとき、残った立方体の個数として考えられる最小の個数はいくらか。

ただし、上部の立方体が取り除かれない限り、その真下に位置する立方体を取り除くことはできないものとする。

1.　 8個
2.　10個
3.　13個
4.　16個
5.　18個

図Ⅰ

図Ⅱ

上から見た様子を描きます。まず、①左、②後がともに3個ですので、クロスするところに3を記入します。

次に②の中と前が2個ずつ見えています。これを満たすために①の中に2個ずつ置いてみます。

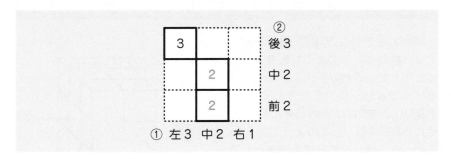

　最後に①の右に1個見えますが、これを②の前に置いてみましょう。

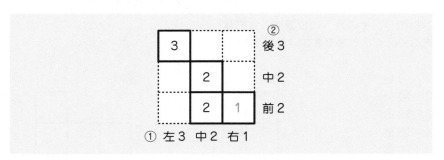

　これで図Ⅰ，Ⅱを満たすことができます。計8個ありますので正解は肢1となります。

正解 1

【補足】
　解説の配置の仕方は一例です。例えば次図のように配置しても問題ありません。他にもあるので探してみてください。

【一例】

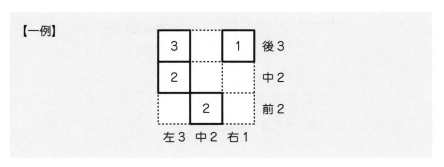

セクション 37 投影図②

重要度
★★★★★

セクション 36 では積み木（小立方体）を投影図で表しましたが、この
セクションではやや複雑な立体を扱います。基本的にはイメージをして
投影図から立体を構築していくことになります。

このセクションの Goal

・投影図から立体を構築できるようになる。

基礎知識

【立体と投影図】

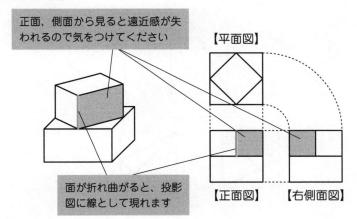

正面、側面から見ると遠近感が失
われるので気をつけてください

【平面図】

面が折れ曲がると、投影
図に線として現れます

【正面図】　　【右側面図】

【投影図の解法】

　2 つの視点の投影図が与えられ、そこから立体を作る問題が多いです。簡単
な問題であれば 2 つの視点を同時に見て立体を作ることが可能ですが、難しい
場合は、

① 1 つの視点から立体をイメージする

②もう 1 つの視点でイメージを修正する

　これの繰り返し作業で徐々に正解の立体に近づけていきます。投影図は一発
で正解を出すものではなく、試行錯誤の末に正解を出すことになります。

　図Ⅰのような透明な立方体の内部に、1本の針金が2回折られ、その一端が頂点Aに固定されてある。この立方体を正面及び右側面から見たときそれぞれ図Ⅱ、図Ⅲのように見えた。このとき、上面から見た図として正しいのはどれか。

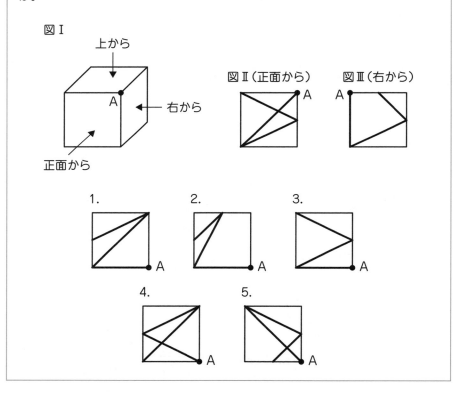

図Ⅰ

上から

A

右から

正面から

図Ⅱ（正面から）　　　図Ⅲ（右から）

1.　　　　　　2.　　　　　　3.

4.　　　　　　5.

　点Aを始点として、針金が折れ曲がった箇所と終点を順にA → B → C → Dと結びます。

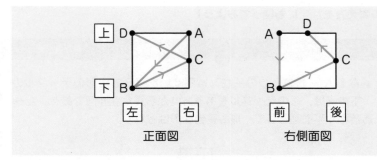

正面図　　　右側面図

2つの投影図より、A，B，C，Dの位置は次の通りです。

	左右	前後	上下
A	右	前	上
B	左	前	下
C	右	後	中
D	左	中	上

左右と前後の情報を上から見た図に描き込みます。

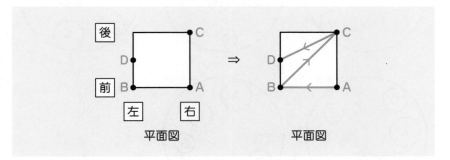

平面図　　　　　平面図

よって、正解は肢1となります。

正解 1

例題の考え方を類題にも使ってみよう！

　大きさが異なるA〜Eの5つの円柱又は円すいを平らな円形のテーブルの上に置いた。下の図は、このテーブルをある方向から見た立面図である。A〜Eの配置をあらわす平面図として、最も妥当なのはどれか。

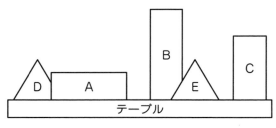

1.

2.

3.

4.

5.

　まず、立面図（正面図）の視点におけるA〜Eの左右の位置関係を把握します。図より、左からD，A，B，E，Cの順に並んでいます。また、この視点から見ると**Dよりも A が手前に、Bよりも E が手前にある**ことがわかります。

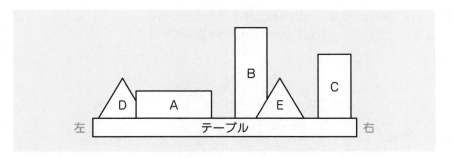

選択肢を検討します。消去法で考えます。

肢1の場合、次図の方向から立体を見ると左からD，A，E，B，Cと並びます。また、この視点ではEよりもBが手前にあるので不適です。

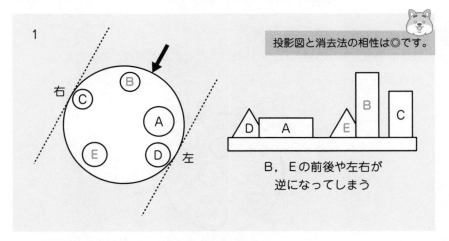

1

投影図と消去法の相性は◎です。

B，Eの前後や左右が
逆になってしまう

この調子で他の選択肢も消去していきます。

肢2の場合、次図の方向から立体を見ると左からD，A，B，E，Cと並びます。しかし、この視点ではA，Dの前後関係が不適です。

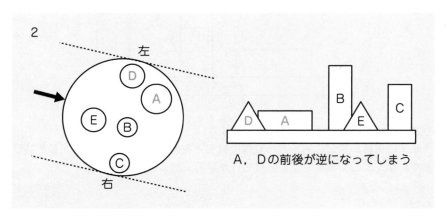

A，Dの前後が逆になってしまう

　肢3の場合、左から順にD，A，B，E，Cと並ぶ視点がありません。

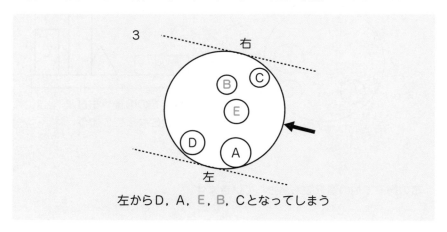

左からD, A, E, B, Cとなってしまう

　肢5の場合、Dが左端、Cが右端に並ぶ視点がないので明らかに間違いです。
以上、消去法により正解は肢4となります。
　ちなみに、肢4は次のような視点で見れば立面図と合致します。

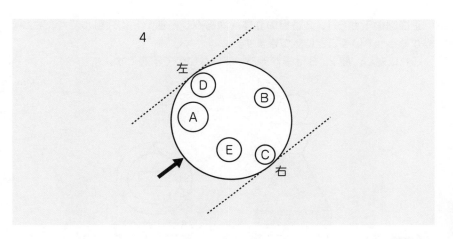

4

正解 4

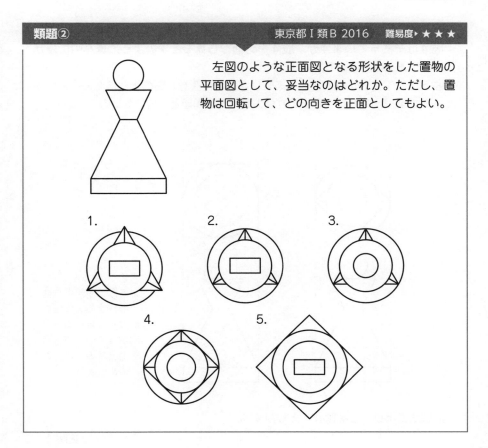

類題②　　　　　　　　　　　　　　東京都Ⅰ類B 2016　　難易度▶★★★

左図のような正面図となる形状をした置物の平面図として、妥当なのはどれか。ただし、置物は回転して、どの向きを正面としてもよい。

1.

2.

3.

4.

5.

正面図の下から1，2番目の立体（次図グレー部分）に注目してください。幅がそろっていることに気づきます。

　これに対し、肢2，3は幅がそろっていないので不適です。

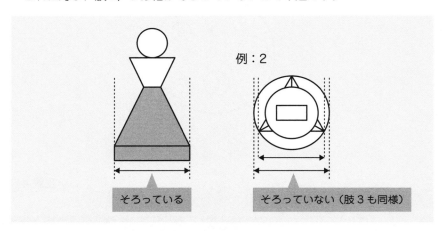

そろっている

そろっていない（肢3も同様）

　肢4はそろっていますが、肢4を正面から見ると次のように真ん中に線が入ってしまうので不適です。

　肢5は、下2段の幅をそろえるには正面の位置を次図のように変える必要がありますが、その場合、1番上の立体の見え方が問題と一致しないので不適です。

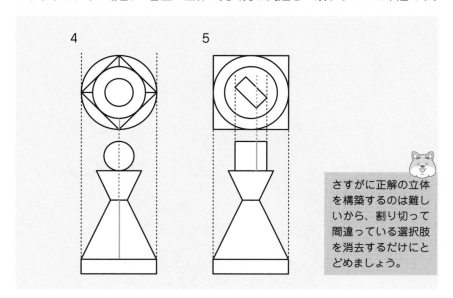

さすがに正解の立体を構築するのは難しいから、割り切って間違っている選択肢を消去するだけにとどめましょう。

　消去法により、正解は肢1となります。

正解 1

第14章

展開図

ポイント講義は
こちら

展開図で最も大事なのは、展開図を組み立てる際にくっつけることになるペアを見つけることです。これだけで解ける問題もありますし、この性質を利用して解く問題もあります。

このセクションの Goal

・展開図を組み立てて立体にする際の「くっつける2辺」のペアが見つけられるようになる。
・ペアとなる辺をくっつけることで展開図を変形できるようになる。

基礎知識

【立体を展開する・展開図を組み立てて立体にする】

　立体を展開する、つまり立体の辺を切ると辺は2本に分かれます。逆に、2本の辺をくっつけることで展開図を組み立てて立体にします。このとき「くっつける2辺」はどの2辺でもいいというわけではなく、一定のルールに基づいて決まっています。

【くっつくペアの見つけ方】
①2辺のなす角が最小のとき、その2辺はくっつく
②くっついたペアの、さらに隣り同士の2辺もくっつく
例）立方体のくっつく2辺

①2辺のなす角が最小のとき、その2辺はくっつく

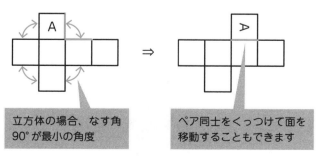

立方体の場合、なす角90°が最小の角度

ペア同士をくっつけて面を移動することもできます

②くっついたペアの、さらに隣り同士の2辺もくっつく

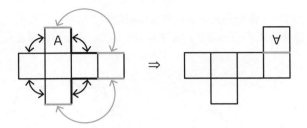

②の補足：既にくっついている面においては、これ以上ペアができることはない

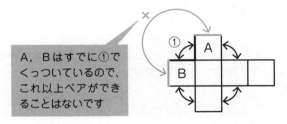

A，Bはすでに①でくっついているので、これ以上ペアができることはないです

現時点でペアができていないのは2辺ですので、この2本がペアとなります。立方体の場合、4面並んでいたら端っこ同士がくっつくと覚えてしまいましょう。

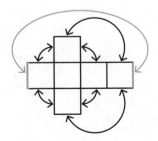

　　下図のような 12 個の正五角形からなる展開図を組み立てて正十二面体をつくるとき、点A〜Eのうち点Pと接する点として、正しいのはどれか。

1.　A
2.　B
3.　C
4.　D
5.　E

正十二面体の展開図のくっつく辺のペアを探します。

> ① 2 辺のなす角が最小のとき、その 2 辺はくっつく
> ② くっついたペアの、さらに隣り同士の 2 辺もくっつく

に基づいてペアを結ぶと次のようになります。

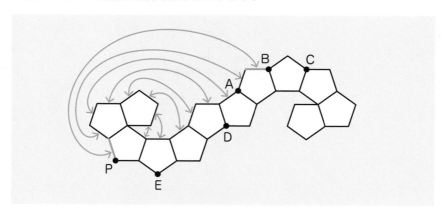

　　図より、点Pと重なるのは点Bとわかります。
　　したがって、正解は肢2となります。

正解 2

類題①　　　　　　　　　　　　　特別区Ⅰ類 2022　　難易度▶ ★ ★ ★

　次の図のような展開図を立方体に組み立て、その立方体をあらためて展開したとき、同一の展開図となるのはどれか。

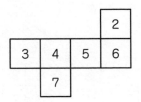

第14章

展開図

1.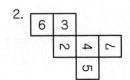

2.

3.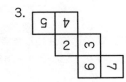

4.　5.

　消去法で検討します。
　問題の展開図より、4，7の向きが同じ（4の下と7の上がくっつく）であることに着目します。すると肢2は4，7の向きが逆なので間違いと気づきます。また、肢1の対応する辺を調べるとやはり4，7の向きが異なるので間違いです。

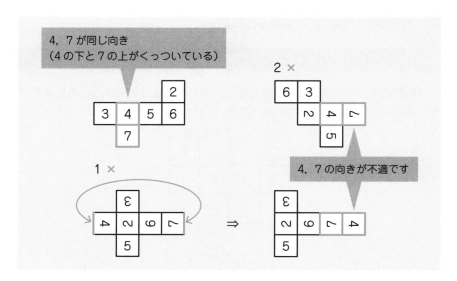

次に3の面に注目します。3の右の辺は4の左の辺とくっついています。しかし、肢4，5はそれを満たさないので不適です。

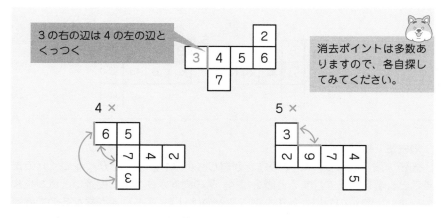

したがって、消去法により正解は肢3となります。

正解3

　図のような三面のみに模様のある正十二面体の展開図として最も妥当なのは次のうちではどれか。

　ただし、展開図中の点線は、山折りになっていた辺を示す。

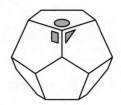

1.
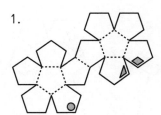

2.
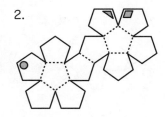

3.
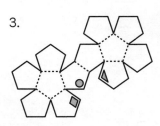

4.
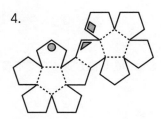

5.
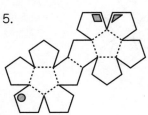

与えられた立体の模様は、1点を中心に時計回りに〇→△→◇の順に並んでいます。これを踏まえて消去法で解きます。

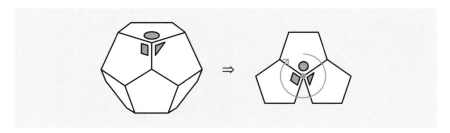

　まず、肢2，4ですが、△と◇の並びが時計回りになっていないので不適です。

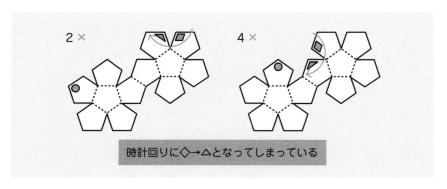

時計回りに◇→△となってしまっている

　次に肢5は〇の位置が違うので不適です。

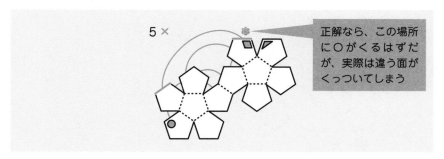

正解なら、この場所に〇がくるはずだが、実際は違う面がくっついてしまう

　次に肢3は△の位置が違うので不適です。

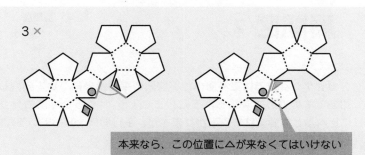

3 ×

本来なら、この位置に△が来なくてはいけない

よって、消去法により正解は肢1となります。

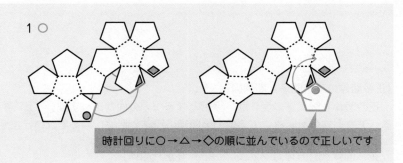

1 ○

時計回りに○→△→◇の順に並んでいるので正しいです

正解1

セクション
39 展開図②

重要度
★ ★ ★ ★ ★

このセクションでは正多面体の展開図の平行関係について紹介します。知識ですので必ず覚えるようにしましょう。「くっつく辺の見つけ方」に比べると重要度はやや下がりますが、平行関係を知っているだけで解ける問題もあります。

このセクションのGoal

・正多面体の展開図の平行関係を覚える。

基礎知識

【正多面体の平行関係と展開図】

正四面体を除く正多面体は、平行となるペアの面があります。この平行になるペアを、立体を組み立てる前の展開図の段階で把握しなくてはいけません。

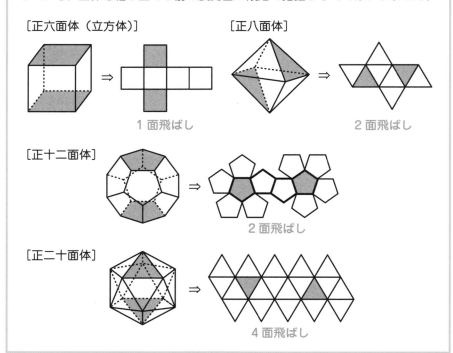

［正六面体（立方体）］ ⇒ 1面飛ばし

［正八面体］ ⇒ 2面飛ばし

［正十二面体］ ⇒ 2面飛ばし

［正二十面体］ ⇒ 4面飛ばし

図は 1 ～ 20 の異なる数字が各面に書かれた正二十面体の展開図（ただし、11 以降の数字は記載を省略してある。）である。この正二十面体の 10 組の互いに平行な二つの面に書かれた数字の和が全て等しいとき、a に当てはまる数字として正しいのはどれか。

1. 16
2. 17
3. 18
4. 19
5. 20

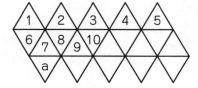

第**14**章

展
開
図

STEP**1** 和を求めよう

1 と 20，2 と 19，3 と 18……のように端っこから順番に足していくと和は全て 21 になります。

STEP**2** 平行関係を調べよう

正二十面体の場合、4 面飛ばした隣の面と平行関係にありますが、問題の展開図のままではその関係が見づらいです。そこで、次図のように展開図を変形します。

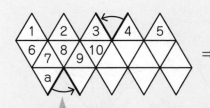 ⇒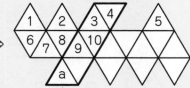

正二十面体の展開図は、図の矢印の部分が「最小のなす角」になります

a と 4 が「4 面飛ばした隣」の関係になります

図より、a の面は 4 の面と平行であることがわかります。a + 4 = 21 より、a = 17 ですから正解は肢 2 となります。

正解 2

　図Ⅰのようなア～サの 11 枚の正三角形に分割された図形がある。これを破線に従って折っていくと図Ⅱのような正八面体になる。このとき、破線を全て同じ角度で折り曲げると、正八面体の 3 面は 2 つの正三角形が重なることになる。重なる面は次のうちではどれか。

1.　アとカ
2.　イとサ
3.　エとオ
4.　エとク
5.　オとカ

図Ⅰ　　　　　　　　　　　　　　　　　　　図Ⅱ

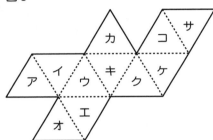

　「2 つの正三角形が重なる」とはどういうことか推理しましょう。まずクの面に注目してください。正八面体の平行関係は 2 面飛ばしの隣ですから、クはイと平行ですし、サとも平行となります。つまり、イ、サは重なる面同士であることがわかります。

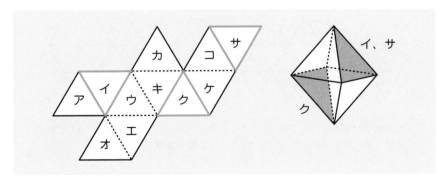

　このように、「面が重なる」ということは「平行な面が同じ」ということになります。この関係を駆使して重なる面を調べます。
　キに対してア、オが平行ですのでアとオが重なります。また、次図右のよう

に展開図を変形すると、エに対してカ、コが平行ですのでカ、コが重なること
がわかります。

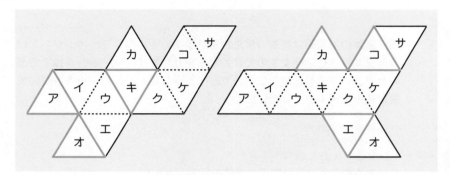

したがって、正解は肢2となります。

正解 2

【補足】

エの面をどのように変形したか載せておきます。

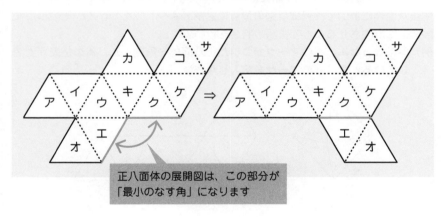

正八面体の展開図は、この部分が
「最小のなす角」になります

40 正八面体の展開図

正八面体の展開図は特有の解法があります。その際「マーキング」というテクニックを使いますので合わせて紹介します。マーキングはその他のセクションでも活躍しますので必ず習得しましょう。マーキングの重要度込みで★4つとしました。

このセクションの Goal

・マーキングの考え方を理解する。
・マーキングの考え方を用いて正八面体の展開図が解けるようになる。

基礎知識

【正八面体の展開図の解法の原理】

正八面体において、見取り図の頂点に名前（A～F）をつけて、その頂点を展開図に反映させることで正誤の判定を行います。

例）図のような▲，△のマークがついた正八面体を展開した。▲の位置が判明しているとき、△のマークを記入しなさい。

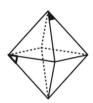
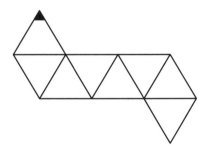

正八面体の見取り図にA～Fの点を打つと、展開図では次のように反映されます。△は面EBFのEにあるので、そこに記入します。

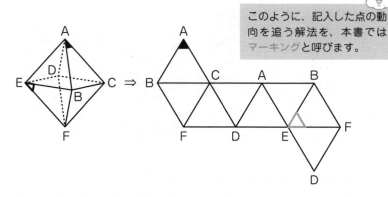

このように、記入した点の動向を追う解法を、本書ではマーキングと呼びます。

　これが正八面体の展開図の解法になります。次はこの解法の肝である、展開図への点の反映の仕方を解説します。

【見取り図から展開図へ点を反映させる】

①見取り図の頂点に名前をつける

　（このとき、隣り合っていない反対側の2頂点の関係を確認します）

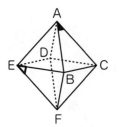

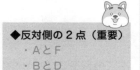

◆反対側の2点（重要）
・AとF
・BとD
・CとE

　ここで、2面だけ展開してひし形（ダイヤ）を切り取ってみます。ダイヤの反対側の点（Aに対してF）が見取り図の反対と一致していることがわかります。

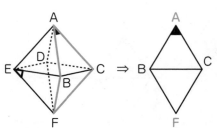

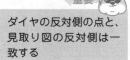

重要

ダイヤの反対側の点と、見取り図の反対側は一致する

②展開図に点A，B，Cを記入する

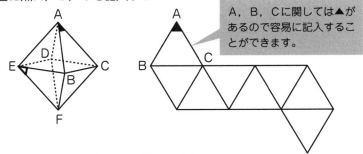

A，B，Cに関しては▲があるので容易に記入することができます。

③展開図の中にダイヤを作り、反対の点を打つ

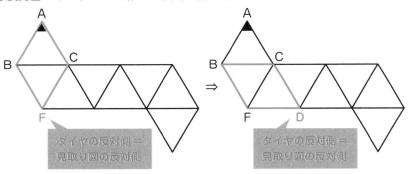

ダイヤの反対側＝見取り図の反対側

⇒

ダイヤの反対側＝見取り図の反対側

この調子でダイヤを作り、点を打ちます。

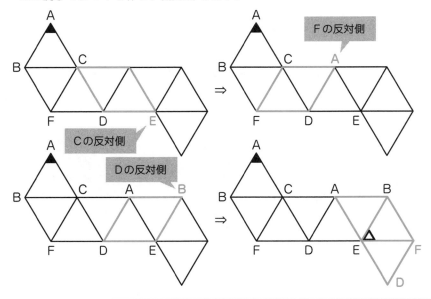

Fの反対側

⇒

Cの反対側

Dの反対側

⇒

次は、正八面体の展開図であるが、これらのうち、組み立てたときに点Aと点Bが重なるのはどれか。

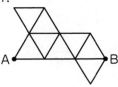

1.

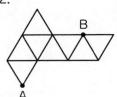

2.

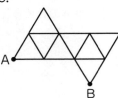

3.

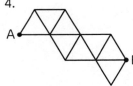

4.

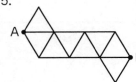

5.

「点Aと点Bが重なる（同じ頂点）」とは、点Aの反対側の点と、点Bの反対側の点は同じ点ということです。

各選択肢の反対側の点を調べると、肢1が一致します。

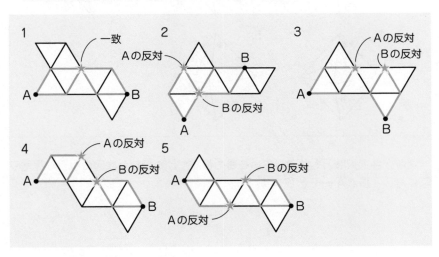

よって、正解は肢1となります。

正解 1

例題の考え方を類題にも使ってみよう！

次の図は、正八面体の展開図のうちの1つの面に●印、3つの面に矢印を描いたものであるが、この展開図を各印が描かれた面を外側にして組み立てたとき、正八面体の見え方として、有り得るのはどれか。

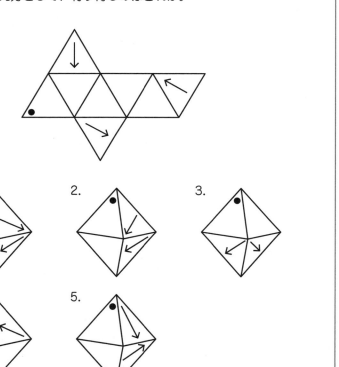

場所が各選択肢とも共通している●の位置だけを記した次図のような見取り図に対し、頂点A～Fとします。

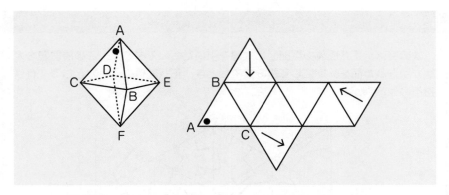

正八面体の展開図にA～Fの点を打ち込んでいくと次のようになります。

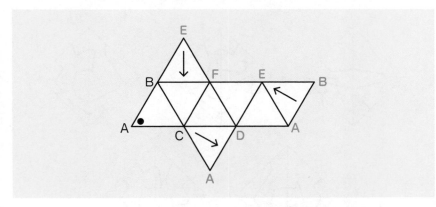

これより、△EBF，△EBA，△CADに矢印があることがわかります。この矢印を見取り図に反映させます。

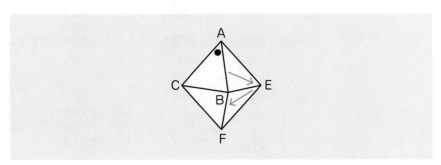

したがって、正解は肢1となります。

正解 1

次の図は、正八面体の展開図に太線を引いたものであるが、この展開図を太線が引かれた面を外側にして組み立てたとき、正八面体の見え方として、有り得るのはどれか。

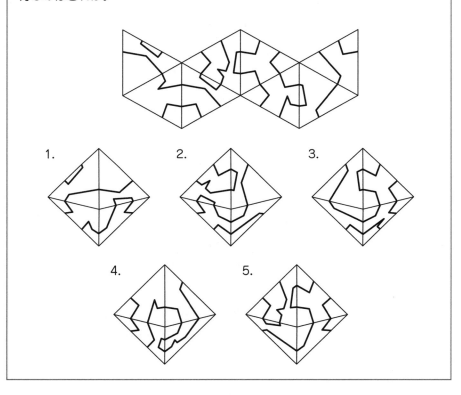

次図のように、1つの面だけ模様を描き、各頂点にA〜Fの名前をつけます。

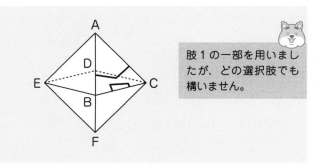

肢1の一部を用いましたが、どの選択肢でも構いません。

この模様を軸に展開図に頂点を打ち込みます。

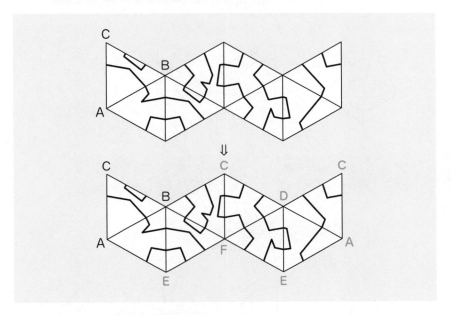

これをもとに消去法で選択肢を検討します。

肢1の場合、展開図の点に基づいて立体に点A，B，Cを記入すると、点F
を点Aの反対側に記入することができます。しかし、△FBCの模様が立体と
展開図で異なってしまうので不適です。

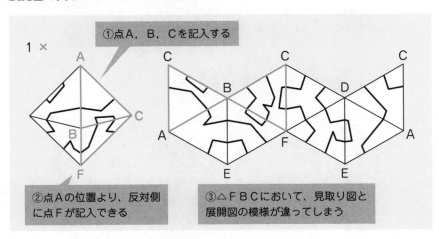

①点A，B，Cを記入する

1 ×

②点Aの位置より、反対側
に点Fが記入できる

③△FBCにおいて、見取り図と
展開図の模様が違ってしまう

同様の手順で、肢3，4，5を消去します。

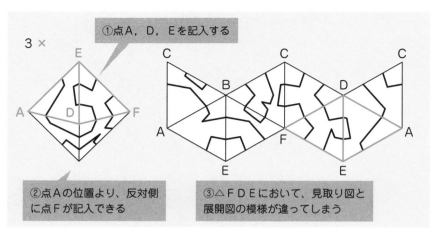

3 ×

①点A，D，Eを記入する

②点Aの位置より、反対側に点Fが記入できる

③△FDEにおいて、見取り図と展開図の模様が違ってしまう

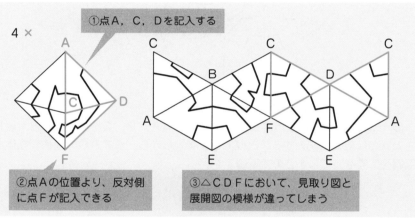

4 ×

①点A，C，Dを記入する

②点Aの位置より、反対側に点Fが記入できる

③△CDFにおいて、見取り図と展開図の模様が違ってしまう

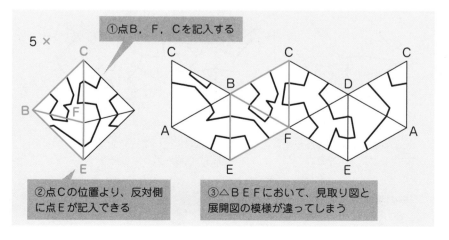

5 ×

①点B，F，Cを記入する

②点Cの位置より、反対側に点Eが記入できる

③△BEFにおいて、見取り図と展開図の模様が違ってしまう

以上、消去法により正解は肢2となります。

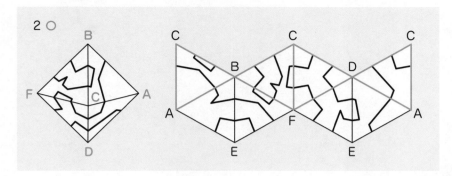

正解 2

MEMO

第 15 章

トポロジー

ポイント講義は
こちら

41 立方体の位相図

重要度
★ ★ ★ ★ ★

このセクションではサイコロの問題を紹介します。サイコロのような立方体の面に数、模様、記号を描き込む問題では「位相図」と呼ばれる図が有効です。

このセクションのGoal

・サイコロを位相図で表すことができるようになる。
・位相図の空欄に情報を描き込めるようになる。

基礎知識

【立方体の位相図】

次図のように、点と線のつながりだけを重視して、後は適当に描く図形を位相図と言います。普通に描くと3つの面しか情報を描き込めないところを、位相図ならほとんど全ての情報を描き込めるのが魅力です。

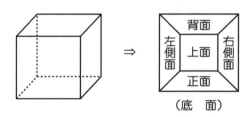

（底　面）

上から見て押しつぶしたイメージです。
この図形も点が8つあり、どの点からも3本の線が出ているので、位相図的には問題ありません。

立方体は「頂点が8つ」あり、「どの点からも3本の線が出ている」図形です。

その2つの特徴さえ守れば、あとはどのように表現しても構わないのが位相図です。

【位相図の埋め方】

例）図のような展開図のサイコロがある。これを組み立ててできた立体を位相図で右側の図のように表したとき、Aの面に入る数字はいくつか？

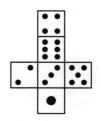
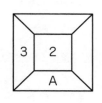

　2と3が共有している☆と★の点に注目します。☆を中心に3つの面を見ると、時計回りに 2 → 3 → 1 と並んでいます。★を中心に3つの面を見ると、反時計回りに 2 → 3 → 6 と並んでいます。位相図において、3, 2, Aの面は1点を中心に反時計回りに 2 → 3 → Aと並んでいるので、A＝6とわかります。

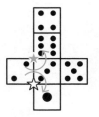
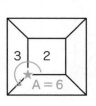

重要

1つの点を中心に3つの面が時計回り or 反時計回りにどのように並んでいるかを調べます。

第15章

トポロジー

例題 41　　　　　　特別区Ⅰ類 2023　　難易度 ▶ ★ ★ ☆

　次の図Ⅰのような展開図のサイコロ状の正六面体がある。この立体を図Ⅱのとおり、互いに接する面の目の数が同じになるように4個並べたとき、A，B，Cの位置にくる目の数の和はどれか。

1. 9
2. 11
3. 12
4. 13
5. 17

図Ⅰ

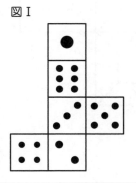

図Ⅱ

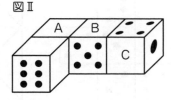

図Ⅰの展開図より、展開図を組み立てて立体にしたときの平行になる面の組合せがわかります。

平行な面：(1 と 3)，(2 と 6)，(4 と 5)

図Ⅱを位相図で表します。なお、平行な面の組合せおよび問題文「互いに接する面の目の数が同じになる」より、わかるところを全て記入します。

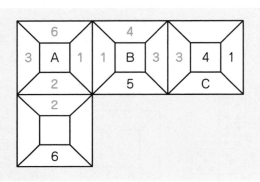

STEP1 **Aの目を求めよう**

次の展開図の★に注目してください。★を中心に反時計回りに 6 → 3 → 5 と面が並んでいます。位相図上で同じように反時計回りに 6 → 3 と並んでいる点は、右側の図に示す★になります。したがって、Aは 5 となります。

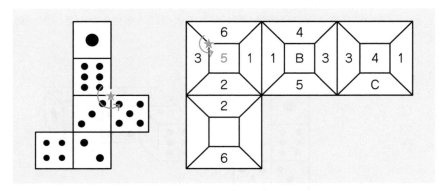

Bの目を求めよう

展開図の☆の点を中心に反時計回りに 5 → 3 → 2 と面が並んでいます。位相図上で同じように反時計回りに 5 → 3 と並んでいる点は、次図右側の図に示す☆になります。したがって、Bは 2 となります。

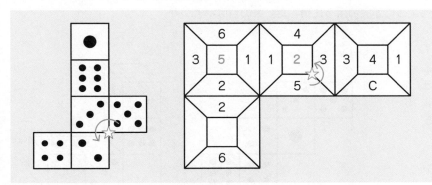

STEP 3 **Cの目を求めよう**

展開図を次図のように変形します。その上で○の点に注目すると、時計回りに 6 → 3 → 4 と面が並んでいます。位相図上の○に注目すると、時計回りに C → 3 → 4 と並んでいますので、Cは 6 とわかります。

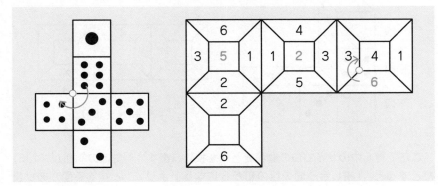

以上より、(A，B，C) = (5，2，6) ですのでその和は 13 となります。
したがって、正解は肢 4 となります。

正解 4

例題の考え方を類題にも使ってみよう！

Ⅰ図のような展開図を持つサイコロ5個を、接し合う面の目の和が8になるようにⅡ図のように積んだ。Xの目はいくつか。

1. 2
2. 3
3. 4
4. 5
5. 6

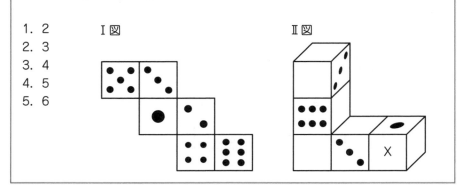

展開図より、平行な面は（1，6），（2，5），（3，4）となります。
問題の立体の下段のみ位相図で表します。

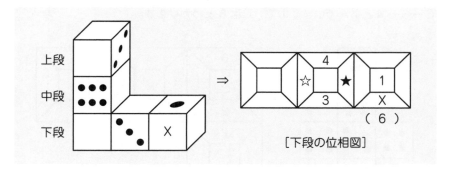

［下段の位相図］

ここで真ん中のサイコロの側面★と☆を検討します。仮にこの側面が（1,6）だとすると、「接し合う面の目の和が8になる」より、1と接する面がありません（和を8にするには7が必要になってしまう）ので不適です。

したがって、（★，☆）＝（2，5）か（5，2）が考えられます。ここで、（★，☆）＝（2，5）と仮定します。「接し合う面の目の和が8になる」より、右のサイコロの左側面は6となります。しかし、右のサイコロにおいて6は底面にありますので仮定は不適です。

【(★, ☆) = (2, 5) と仮定⇒間違い】

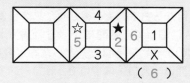

したがって、(★, ☆) = (5, 2) となります。

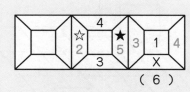

ここで、展開図の 1, 3, 5 が集まる点（○）に注目します。○を中心に時計回りに 5 → 3 → 1 と並んでいます。位相図上では X → 3 → 1 が時計回りに並んでいますので X = 5 となります。

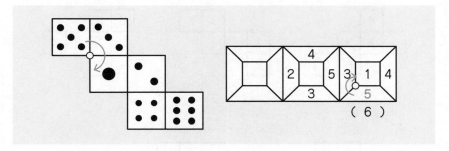

したがって、正解は肢 4 となります。

正解 4

方眼紙の左上のマス目から右下の★と書かれたマス目まで、下の図のような
A～Cの3つのコースに沿って、各面に1～6が書かれた立方体を転がす。
どのコースも、下の図のように、上面を1とした同じ置き方でスタートする。
ゴールの★における上面は、Aコースでは3、Bコースでは2、Cコースでは
6であった。このとき使われた立方体の展開図として最も妥当なのはどれか。

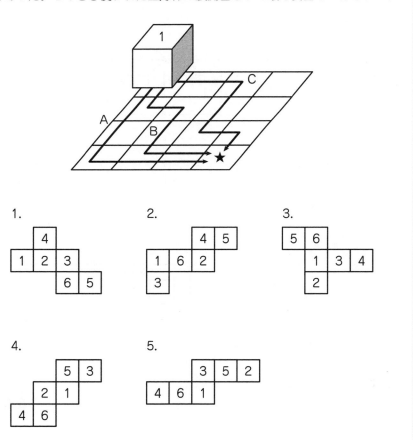

A～C各ルートの様子を位相図で表します。なお、この問題ではゴールの様
子がわかっているのでコースの逆をたどる形で位相図を描きます。

【Aコース（ゴール時の上面は3）】

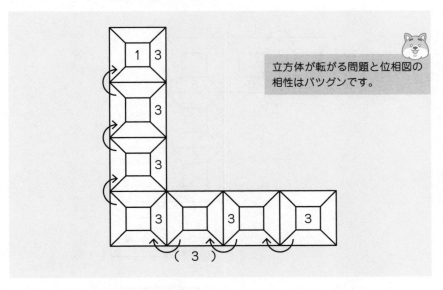

立方体が転がる問題と位相図の
相性はバツグンです。

【Bコース（ゴール時の上面は2）】

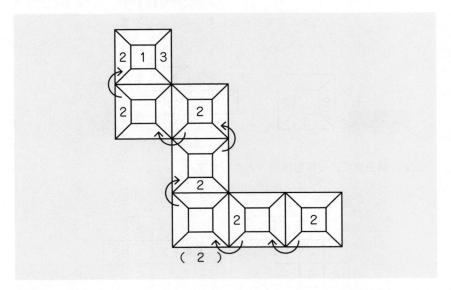

　ここで 2 と 3 の面が平行であることがわかります。肢 1, 2, 3 は平行では
ないので誤りです。

【Cコース（ゴール時の上面は6）】

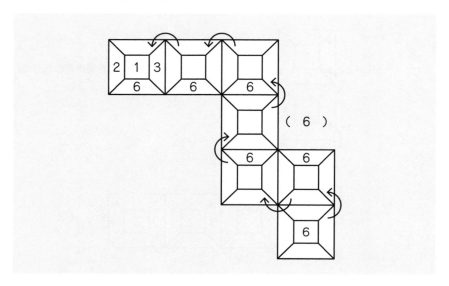

　ここで、位相図に注目すると1，3，6の面が〇を中心に時計回りに6→1→3と並んでいます。しかし、肢5の展開図に注目すると、〇を中心に反時計回りに6→1→3と並んでおり一致しないので誤りです。

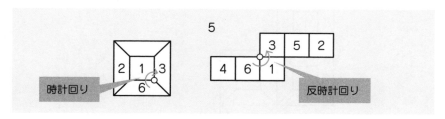

　以上、消去法により正解は肢4となります。

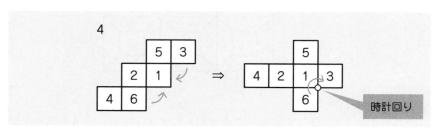

セクション

42 一筆書き

重要度
★ ★ ★ ★ ★

一筆書きが可能か判定する問題は知識で解くことができます。簡単ですので覚えてしまいましょう。

このセクションの Goal

・一筆書きが可能な図形か判定できるようになる。

第15章

トポロジー

基礎知識

【奇点】
　1つの点から奇数本の線が出ているとき、その点を奇点と言います。

3本の線が出ているので奇点です

【一筆書きが可能な図形】
奇点の数が0個か2個のとき、その図形は一筆書きが可能となります。
・奇点が0個 ⇒ 一筆書きが可能で、なおかつスタートとゴールが一致する
・奇点が2個 ⇒ 一筆書きが可能だが、スタートとゴールは一致しない（一方の奇点→他方の奇点）

　下の図A〜Eのうち、始点と終点が一致する一筆書きとして、妥当なのはどれか。ただし、一度描いた線はなぞれないが、複数の線が交わる点は何度通ってもよい。

1. A
2. B
3. C
4. D
5. E

A

B

C

D

E

各図形の奇点の個数を数えます。

A：奇点0個

B：奇点2個

C：奇点4個

D：奇点6個

E：奇点2個

A：奇点が０個なので一筆書き可能で、なおかつ始点と終点が一致します。
B：奇点が２個なので一筆書きは可能ですが、始点と終点が一致しません。
C：奇点が４個なので一筆書きはできません。
D：奇点が６個なので一筆書きはできません。
E：奇点が２個なので一筆書きは可能ですが、始点と終点が一致しません。
　したがって、正解は肢１となります。

正解 1

 例題の考え方を類題にも使ってみよう！

| 類題 | 東京消防庁 2019 | 難易度▶ ★ ★ ★ |

　下の図のような正十二面体において、１つの頂点から出発し、一度通った辺を通らないようにして全ての頂点を通過して出発点に戻るとき、通らないですむ辺の最大の本数として、最も妥当なのはどれか。

1.　　5本
2.　　8本
3.　10本
4.　13本
5.　15本

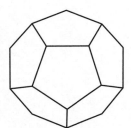

　「１つの頂点から出発し、一度通った辺を通らないようにして全ての頂点を通過して」より、一筆書きを連想します。なおかつ、「出発点に戻るとき」より、始点と終点が一致するので奇点の個数は０個となります。
　次図の通り、正十二面体の頂点は全て辺が３本出ている奇点です。各頂点から３本出ている辺のうち１本を通らなければ奇点ではなくなるので一筆書きが可能となります。

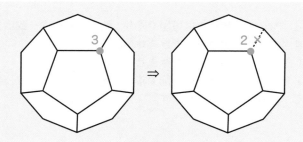

　正十二面体は全部で 20 個の頂点があります。2
つの頂点を結んで 1 本の辺になるので、全部で
20 ÷ 2 = 10（本）の辺を通らずにすむことがで
きます。

　したがって、正解は肢 3 となります。

◆参考（正多面体の知識）
セクション 33

正解 3

第16章

軌跡・回転

ポイント講義は
こちら

43 軌跡の長さ・面積①

図形が移動、回転したとき、点や辺などの軌道を描く問題を扱います。
東京都、特別区ではほぼ毎年出題され、他の試験でも人気があります。
中でも最近はこのセクションで紹介する軌跡が描く長さ、面積を求める
タイプの問題が流行っています。

このセクションの Goal

・図形が回転した際の1点が描く軌跡を描けるようになる。
・軌跡の長さ、軌跡が囲む面積を計算できるようになる。

基礎知識

【回転する図形の1点が描く軌跡】

多角形などが転がるとき、1つの点は円弧を描きます。軌跡で大事なのは
「中心」「半径」「回転角（扇形の中心角）」の3つです。

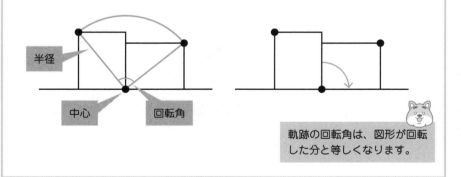

半径

中心　　回転角

軌跡の回転角は、図形が回転
した分と等しくなります。

例題 43

東京都Ⅰ類B 2004　　難易度▶ ★ ★ ★

下図のように、長辺2a，短辺aの長方形が、Aの位置からBの位置まです
べることなく矢印の方向に回転するとき、長方形の頂点Pの描く軌跡の長さと
して、正しいのはどれか。ただし、円周率はπとする。

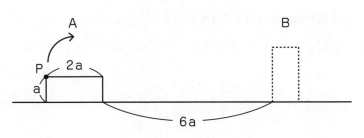

1. $\pi a\left(\dfrac{3}{2}+\sqrt{3}\right)$ 2. $\pi a(2+\sqrt{3})$

3. $\pi a\left(\dfrac{3}{2}+\sqrt{5}\right)$ 4. $\pi a\left(\dfrac{5}{2}+\sqrt{3}\right)$

5. $\pi a(2+\sqrt{5})$

STEP1 **最初の軌跡を描いて、長さを求めよう**

　最初の軌跡は次図のように円弧を描きます。半径（中心から点Pまでの長さ）は長方形の対角線に対応しているので、その長さは $\sqrt{5}a$ になります。中心角は長方形（外角 90°）が回転したので、それに連動して 90° です。したがって、長さは「$2 \times$ 半径 $\times \pi \times \dfrac{中心角}{360°}$」より、

$$\begin{aligned}
長さ &= 2 \times \sqrt{5}a \times \pi \times \frac{90°}{360°} \\
&= \frac{\sqrt{5}}{2}\pi a
\end{aligned}$$

となります。

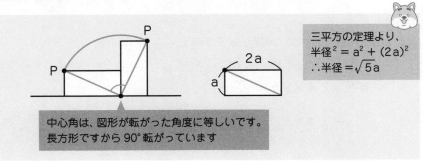

中心角は、図形が転がった角度に等しいです。
長方形ですから 90° 転がっています

三平方の定理より、
半径$^2 = a^2 + (2a)^2$
∴半径 $= \sqrt{5}a$

この後の軌跡は次のようになります。なお、軌跡の中心角は全て 90°です。

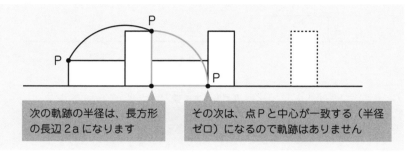

次の軌跡の半径は、長方形の長辺2a になります

その次は、点Pと中心が一致する（半径ゼロ）になるので軌跡はありません

2つ目の軌跡の長さは、半径が2a ですので、

$$長さ = 2 \times 2a \times \pi \times \frac{90°}{360°}$$
$$= \pi a$$

となります。

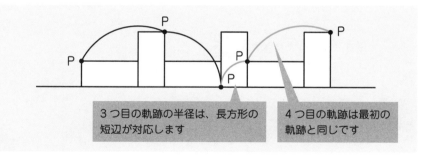

3つ目の軌跡の半径は、長方形の短辺が対応します

4つ目の軌跡は最初の軌跡と同じです

3つ目の軌跡の長さは、半径が a ですので、

$$長さ = 2 \times a \times \pi \times \frac{90°}{360°}$$
$$= \frac{1}{2} \pi a$$

となります。4つ目の軌跡は最初の軌跡と同じですので $\frac{\sqrt{5}}{2} \pi a$ となります。

以上より、

$$全長 = \frac{\sqrt{5}}{2}\pi a + \pi a + \frac{1}{2}\pi a + \frac{\sqrt{5}}{2}\pi a$$

$$= \left(\sqrt{5} + \frac{3}{2}\right)\pi a$$

となります。

したがって、正解は肢 3 となります。

正解 3

 例題の考え方を類題にも使ってみよう！

類題　　　　　　　　　　　　　　　　　東京都Ⅰ類A 2022　難易度▶ ★ ★ ☆

下の図のように、一辺の長さ 10cm の正三角形ＡＢＣの辺に接している一辺の長さ 5cm のひし形が、正三角形ＡＢＣの辺に接しながら、かつ、辺に接している部分が滑ることなく矢印の方向に回転し、1 周して元の位置に戻るとき、ひし形の頂点Ｐの描く軌跡の長さとして、正しいのはどれか。ただし、ひし形の頂点Ｐの内角は 60°、円周率を π とする。

1. $\left(\dfrac{25 + 28\sqrt{3}}{3}\right)\pi$ cm

2. $\left(10 + \dfrac{26\sqrt{3}}{3}\right)\pi$ cm

3. $\left(\dfrac{35}{3} + 8\sqrt{3}\right)\pi$ cm

4. $\left(\dfrac{40 + 22\sqrt{3}}{3}\right)\pi$ cm

5. $\left(15 + \dfrac{20\sqrt{3}}{3}\right)\pi$ cm

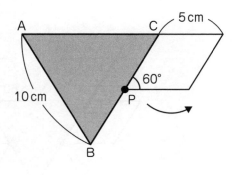

STEP 1　半径を求めよう

図形が回転する際の半径は、

①ひし形の一辺の長さ

②ひし形の対角線の長さ

の2種類があります。①は5cmになります。②は点Pの内角が60°であることから、ひし形は正三角形が2つ貼り合わさった形をしています。正三角形の一辺と高さの比は$2:\sqrt{3}$ですから（30°，60°，90°の直角三角形の辺の比は$1:2:\sqrt{3}$）、図に示す通り高さに相当する部分は$\dfrac{5\sqrt{3}}{2}$ cmです。対角線はそれを2倍した$5\sqrt{3}$ cmとなります。

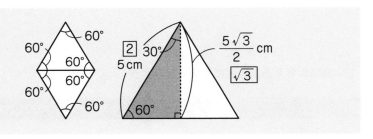

STEP2 **軌跡を描いてみよう**

ひし形を回転させて軌跡を途中まで描くと次のようになります。

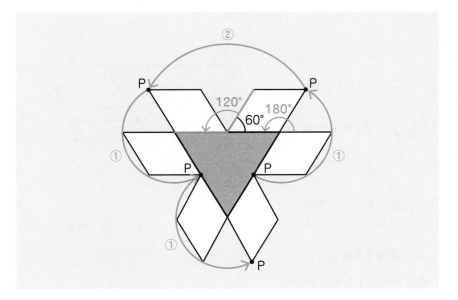

290

最後の軌跡は次のようになります。

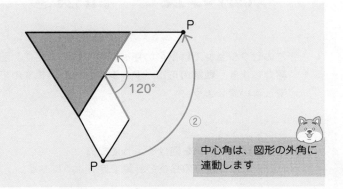

中心角は、図形の外角に
連動します

軌跡は2つのタイプに分かれます。

①半径5cmの円弧　⇒　図より、中心角は180°
②半径$5\sqrt{3}$cmの円弧　⇒　図より、中心角は120°

①が3個、②が2個あります。

①の軌跡3個分 $= 2 \times 5 \times \pi \times \dfrac{180°}{360°} \times 3$
$= 15\pi$（cm）

②の軌跡2個分 $= 2 \times 5\sqrt{3} \times \pi \times \dfrac{120°}{360°} \times 2$
$= \dfrac{20\sqrt{3}}{3}\pi$（cm）

したがって全長は $15\pi + \dfrac{20\sqrt{3}}{3}\pi$（cm）となりますので、正解は肢5と
なります。

正解5

44 軌跡の長さ・面積②

重要度
★ ★ ★ ★ ★

このセクションでは扇形の中心が描く軌跡の長さ、面積を求める問題を紹介します。軌跡の形はパターン化されていますので例題の解説を覚えてしまいましょう。

このセクションのGoal

・扇形の中心が描く軌跡を描けるようになる。
・扇形の中心が描く軌跡の長さを計算できるようになる。

例題 44

東京都Ⅲ類 2017　難易度▶ ★ ★ ★

下の図のように、半径 r，中心角 $60°$ の扇形が、直線 L と接しながら、かつ、直線に接している部分が滑ることなく矢印の方向に 1 回転するとき、扇形の頂点 P が描く軌跡と直線 L とで囲まれた図形の面積として、正しいのはどれか。ただし、円周率は π とする。

1. $\dfrac{2}{3}\pi r^2$

2. $\dfrac{5}{6}\pi r^2$

3. πr^2

4. $\dfrac{7}{6}\pi r^2$

5. $\dfrac{4}{3}\pi r^2$

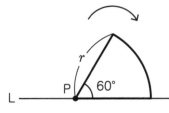

扇形の中心の軌跡は次の①～③になります。

> ①：扇形が垂直に起き上がるまで、中心は円弧を描く。
> ②：扇形の弧が転がっている間は、中心は直線を描く。
>   また、軌跡の長さは扇形の弧の長さに等しい。
> ③：①の左右対称な形になる。

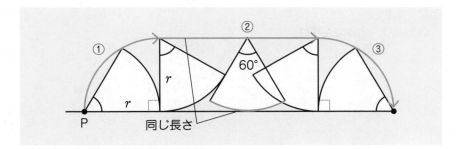

STEP**1** ①で囲まれた面積を計算しよう

図より、扇形の中心の軌跡は半径 r、中心角 90° の円弧です。

$$面積 = r^2 \times \pi \times \frac{90°}{360°}$$
$$= \frac{1}{4} \pi r^2$$

③で囲まれた部分も同じ面積になります。

STEP**2** ②で囲まれた面積を計算しよう

　図より、軌跡は直線ですので長方形の面積を求めることになります。縦の長さは扇形の半径 r ですから、横の長さを求めます。横の長さ（軌跡の長さ）＝扇形の弧の長さより、

$$横の長さ（軌跡の長さ）= 2 \times r \times \pi \times \frac{60°}{360°}$$
$$= \frac{1}{3} \pi r$$

ですから、

$$長方形の面積 = r \times \frac{1}{3} \pi r$$
$$= \frac{1}{3} \pi r^2$$

となります。

　以上より、全体の面積は、

$$① + ② + ③ = \frac{1}{4} \pi r^2 + \frac{1}{3} \pi r^2 + \frac{1}{4} \pi r^2$$

$$= \frac{5}{6} \pi r^2$$

となるので正解は肢２となります。

正解 2

 例題の考え方を類題にも使ってみよう！

| 類題 | 東京都Ⅰ類B 2019　難易度▶ ★ ★ ★ |

　下の図のような、直径２cm の半円と一辺の長さが２cm の正三角形ＡＢＣを組み合わせた図形が、直線に接しながら、かつ直線に接している部分が滑ることなく矢印の方向に１回転するとき、辺ＢＣの中点Ｐの描く軌跡の長さとして、正しいのはどれか。ただし、円周率はπとする。

1. $\frac{2 + \sqrt{3}}{4} \pi$ cm　　2. $\frac{2 + \sqrt{3}}{3} \pi$ cm　　3. $\frac{2 + \sqrt{3}}{2} \pi$ cm

4. $\frac{2(2 + \sqrt{3})}{3} \pi$ cm　　5. $\frac{3(2 + \sqrt{3})}{4} \pi$ cm

STEP 1 **三角形部分が転がるときの軌跡の長さを求めよう**

　最初の軌跡は次のようになります。なお、軌跡の半径は正三角形部分の高さに相当します。１：２：$\sqrt{3}$ の直角三角形を内部に作ると、高さに相当する半径部分は $\sqrt{3}$ cm とわかります。

また、軌跡の回転角（扇形の中心角）は、図形の回転角に連動するので120°になります。

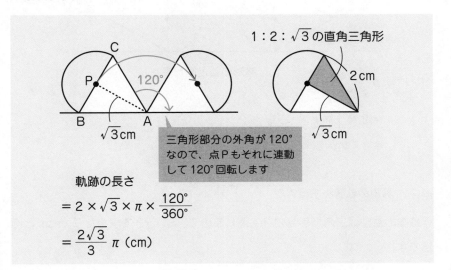

$1:2:\sqrt{3}$ の直角三角形

2 cm

$\sqrt{3}$ cm

三角形部分の外角が120°なので、点Pもそれに連動して120°回転します

軌跡の長さ
$$= 2 \times \sqrt{3} \times \pi \times \frac{120°}{360°}$$
$$= \frac{2\sqrt{3}}{3} \pi \text{ (cm)}$$

STEP2 **半円部分が描く軌跡の長さを求めよう①**

　扇形（半円）の部分が垂直に起き上がるまで、点Pは円弧を描きます。図より、軌跡の半径は半円の半径に相当する1cm、回転角は30°になります。

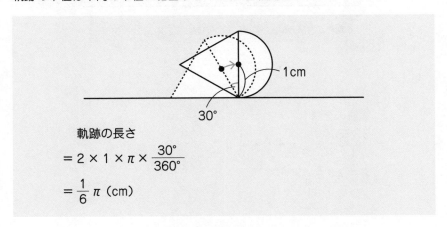

1cm

30°

軌跡の長さ
$$= 2 \times 1 \times \pi \times \frac{30°}{360°}$$
$$= \frac{1}{6} \pi \text{ (cm)}$$

STEP3 **半円部分が描く軌跡の長さを求めよう②**

　扇形の弧の部分が転がっている間は、扇形の中心は直線を描きます。さらに、その長さは扇形の弧の長さと等しいです。

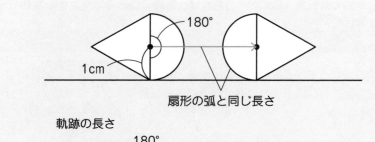

180°

1cm

扇形の弧と同じ長さ

軌跡の長さ

$$= 2 \times 1 \times \pi \times \frac{180°}{360°}$$

$$= \pi \ (cm)$$

STEP 4 最後の軌跡を求めよう

　最後の軌跡は三角形部分が 30° 倒れるので、STEP2 で求めた $\frac{1}{6}\pi$ cm と同じです。

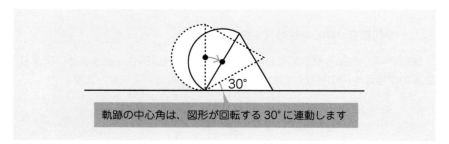

30°

軌跡の中心角は、図形が回転する 30° に連動します

　以上より、

　　軌跡の全長

$$= \frac{2\sqrt{3}}{3}\pi + \frac{1}{6}\pi + \pi + \frac{1}{6}\pi$$

$$= \frac{8 + 4\sqrt{3}}{6}\pi$$

$$= \frac{2(2 + \sqrt{3})}{3}\pi \ (cm)$$

となりますので正解は肢 4 となります。

正解 4

軌跡の形①

このセクションでは、図形が転がった際に描く軌跡（円弧）の形を求める問題を紹介します。近年は長さを計算する問題のほうが人気なので頻度は低いですが、それでも出題はされますし、なにより計算問題に比べて短時間で解ける解法があるので是非ともマスターしておきたいです。

このセクションのGoal

・軌跡の変わり目に着目して、軌跡を描かずに短時間で解けるようになる（基本問題）。
・軌跡の回転角に注目して解けるようになる（応用問題）。

基礎知識

軌跡の解法は「基本問題用」と「難問用」の2種類があります。コスパを考えると前者だけ覚えておけば問題ありません。後者は余裕ができたら学習してください。

【基本問題へのアプローチ：点Pの動向に着目して解く方法】

軌跡は極力描かず、点Pの動向のみ追いましょう。「軌跡の変わり目」に注目すると点Pがどこにあるのかがわかりやすいです。

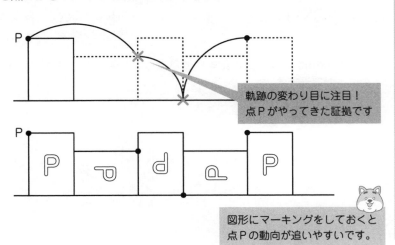

軌跡の変わり目に注目！
点Pがやってきた証拠です

図形にマーキングをしておくと
点Pの動向が追いやすいです。

【難問へのアプローチ：軌跡の中心角（回転角）に着目して解く解法】
例）次の図が回転したとき、点Pが描く軌跡はA，Bのうちどちらか？

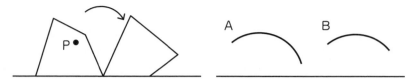

（1）中心角の大きさを調べる

　軌跡の中心角（回転角）は図形の外角に相当します。今回の外角は鈍角ですから、軌跡の中心角も鈍角になります。

鈍角 or 鋭角と大雑把で良いので角度の大きさを確認しておこう。

（2）軌跡の中心角の大きさを調べる

　A，Bの中心角の大きさを次の手順に従って調べます。

①軌跡の両端を結ぶ

②垂直二等分線を引く

③直線との交点が軌跡（円弧）の中心

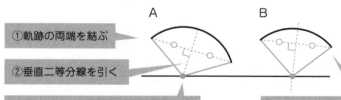

④中心と軌跡の両端を結ぶと、大まかな角度の大きさがわかる

　Aの中心角は鈍角、Bは鋭角〜直角くらいで明らかに鈍角ではないので、Aのほうが妥当です。

次の図のように、1辺の長さが a の正方形が L－L´線上を矢印の方向に滑ることなく2回転したとき、正方形の頂点 P が描く軌跡として最も妥当なのはどれか。

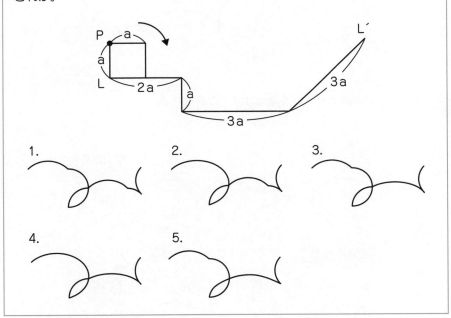

1.

2.

3.

4.

5.

正方形を転がし、点Pの位置関係のみ調べます。

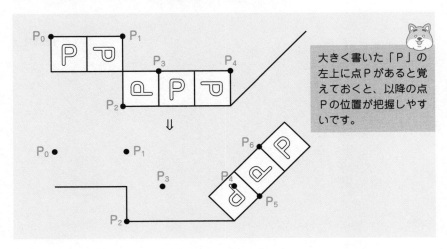

大きく書いた「P」の左上に点Pがあると覚えておくと、以降の点Pの位置が把握しやすいです。

点Pがあるところは軌跡の変わり目になります。選択肢の軌跡の変わり目と、点Pの位置が一致するのは肢1ですのでこれが正解となります。

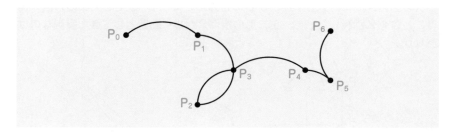

他の選択肢が間違っている理由は以下の通りです。

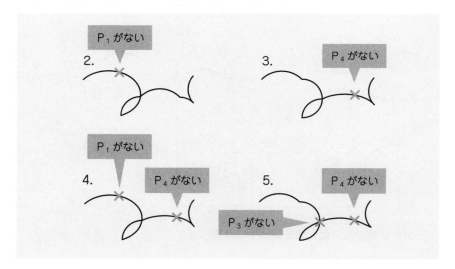

類題①　　　　　　　　　　　　　　　　　特別区Ⅰ類 2020　　難易度▶ ★ ★ ★

　次の図のような、正方形と長方形を直角に組み合わせた形がある。今、この形の内側を、一部が着色された一辺の長さ a の正三角形が、矢印の方向に滑ることなく回転して１周するとき、A及びBのそれぞれの位置において、正三角形の状態を描いた図の組合せはどれか。

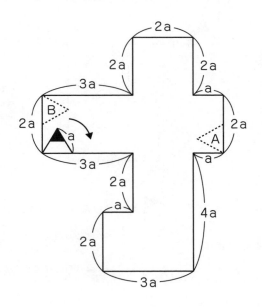

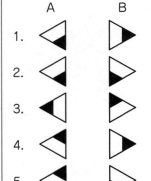

正三角形の3辺に①，②，③と番号をつけます。正三角形を転がすと①→②→③→①→②→……の順に設問の図の辺に接します。

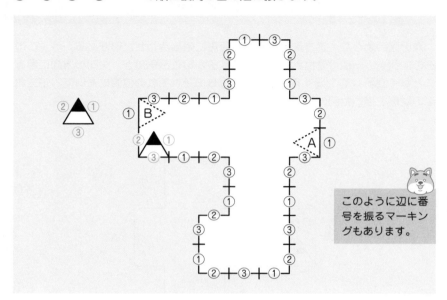

Aでは①が接しているので、となります。またBでは①が接しているのでとなります。

反時計回りに①→②→③と並んでいるので、接している辺がわかれば残りの番号もわかります。

したがって、正解は肢5となります。

正解 5

　下図に示す太い曲線は、一辺の長さ a のひし形が、一辺の長さ 3a の正三角形ＡＢＣの周りを、図の位置から右回りに滑ることなく矢印の方向に回転して１周したとき、ひし形中の点が描いた軌跡の一部である。ひし形中の点ア～オのうち、この軌跡を描いた点として、正しいのはどれか。

1. ア
2. イ
3. ウ
4. エ
5. オ

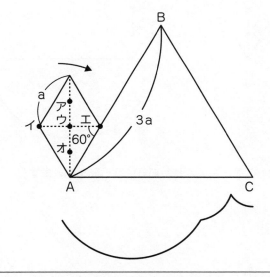

　次図のように、ひし形の４辺に①～④と番号をつけます。ひし形を転がしたとき、正三角形には①→②→③→④→①→……と接します。

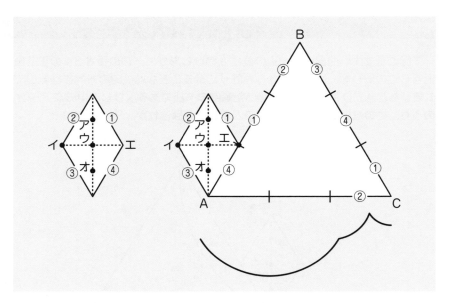

頂点C付近の②と記入された部分にひし形を描きます。

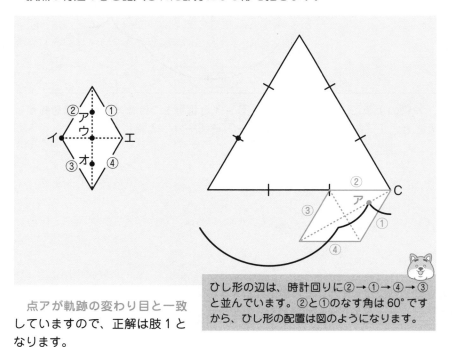

　点アが軌跡の変わり目と一致していますので、正解は肢1となります。

ひし形の辺は、時計回りに②→①→④→③と並んでいます。②と①のなす角は60°ですから、ひし形の配置は図のようになります。

正解 1

図のように、円の内側に一辺の長さが円の半径に
等しい正方形ＡＢＣＤがある。この正方形ＡＢＣＤ
が円の内側に沿って矢印の方向に滑ることなく回転
しながら移動するとき、頂点Ａの描く軌跡として最
も妥当なのはどれか。

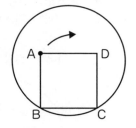

1.

2.
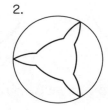

3.
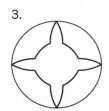

4.

5.
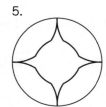

第16章

軌跡・回転

STEP1　正方形が転がる様子を調べよう

「一辺の長さが円の半径に等しい正方形」より、円の中心と正方形の頂点Ｂ，
Ｃを結んだ次図の三角形は正三角形となります。正三角形だけを回転させると
正六角形状に回転することがわかります。

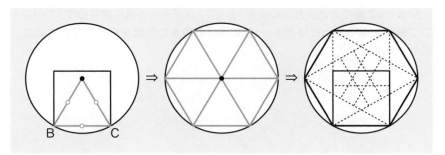

まず、正方形を回転させ円と接する頂点のみを調べます。頂点はD→A→B→C→…の順で円と接します。まず1周すると次のようになります。

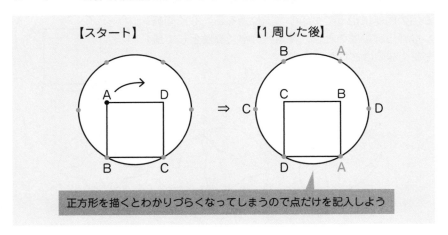

正方形を描くとわかりづらくなってしまうので点だけを記入しよう

続けて2周目の様子も描きます。B→C→D→A→…の順で円と接します。

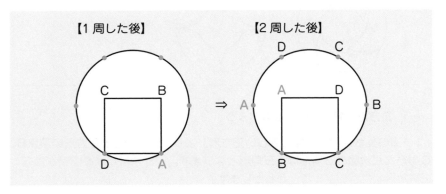

図より、2周すると正方形の点A，B，C，Dが元の位置に戻るので、2周ループで軌跡を描くとわかります。1，2周目の点Aの位置を合わせると次のようになります。

【1，2周目の点Aを合わせた図】

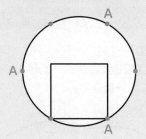

ここからは消去法で検討します。

　2周する間に点Aは3回だけ円と接しています。したがって、4回接している肢3，4，5は間違いです。

　残すは肢1か2です。ここで、少しだけ軌跡を描きます。

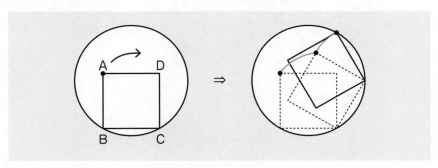

図より、肢2のほうが妥当だとわかります。

したがって、消去法により正解は肢2となります。

正解 2

応用　　　　　　　　　　　　　　東京都Ⅰ類Ａ 2020　　難易度▶ ★ ★ ★

　下の図は、ある図形が直線と接しながら、かつ直線に接している部分が滑ることなく矢印の方向に1回転したときに、図形上の点Pが描いた軌跡である。この軌跡を描く図形として、妥当なのはどれか。

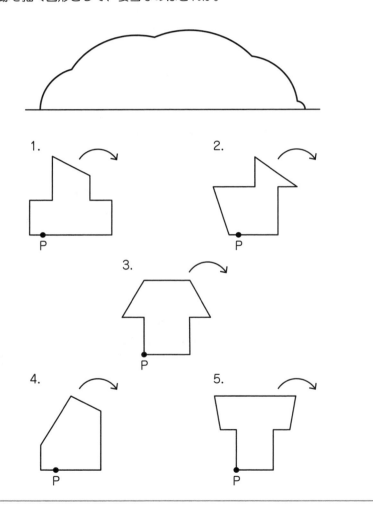

軌跡の大まかな角度を調べよう

軌跡の中心角の大きさに注目して、消去法で解きます。

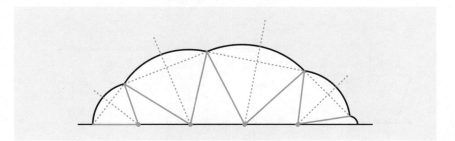

STEP2 **図形が回転する角度から、選択肢を消去しよう**

まず、最初の軌跡の中心角はおおよそ鋭角です。

軌跡の中心角は図形が回転した角度に連動します。肢 1, 4 は直角に近いので不適です。

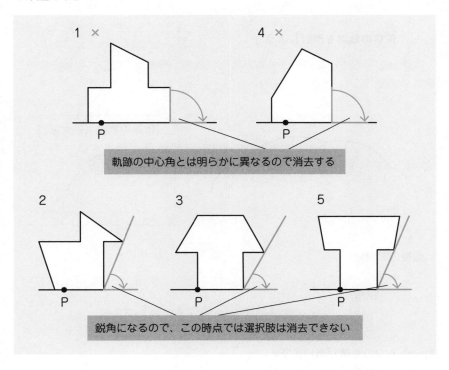

2つ目の軌跡を検討します。選択肢に次のような補助線を引くことで図形がどの程度回転したかを調べることができます。肢5の角度は明らかに軌跡の中心角と異なりますのでこの時点で消去します。

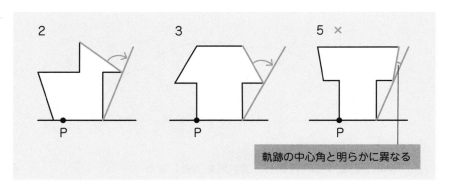

　この調子で3つ目以降の軌跡も同じように調べたいところですが、3つ目、4つ目の角度が、肢2，3とも似ており、消去しづらいです。そこで次のように解きます。

STEP3 最後の軌跡を検討しよう

　選択肢の図形を左に回転させると最後の軌跡が得られるので、最後の軌跡を検討します。

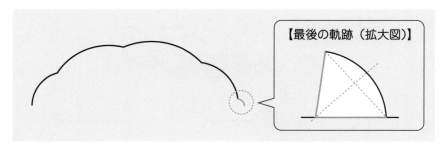

【最後の軌跡（拡大図）】

　最後の軌跡は、

　　・鋭角
　　・半径がすごく小さい

という2つの特徴があります。
　肢2はそれを満たしています。

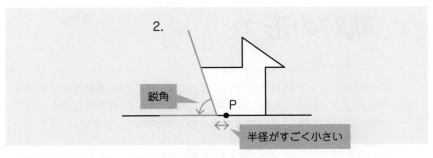

2.

鋭角

P

半径がすごく小さい

それに対して、肢3の半径は大きいので不適です。

肢3は1回左に倒しても軌跡は得られないので、もう1回倒した様子を描く必要があります。

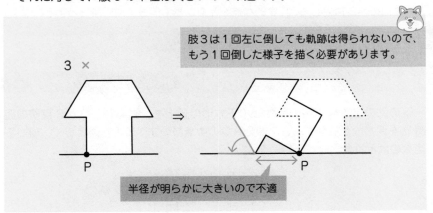

3 ×

⇒

P

P

半径が明らかに大きいので不適

以上、消去法により正解は肢2となります。

正解2

46 軌跡の形②

重要度
★ ★ ★ ★ ★

このセクションでは軌跡が円弧にならない、その他の軌跡を紹介します。円弧のように決まった形になるわけではないので、代表的な点をとって、大雑把につないでいき消去法で解くのが一般的になります。

このセクションのGoal

・その他の軌跡に対して、代表的な点をとることで消去法的に解けるようになる。

例題 46

東京消防庁 2022　難易度▶ ★ ★ ★

　下の図のような1辺の長さ a の正方形の辺上を、動点PとQが2点間の距離 a を保ちながら動くとき、線分PQの中点Mのすべての軌跡として、最も妥当なのはどれか。

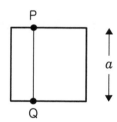

1.

2.

3.

4.

5.

代表的な点や選択肢に注目して消去法で解きます。

肢2に注目すると、頂点に軌跡があります。軌跡を描くMは線分PQの中点ですので、頂点にMがあるということはP，Qも頂点にあることになります。

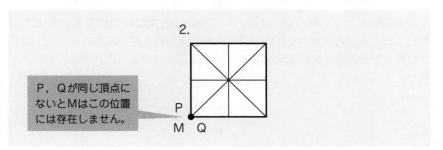

2.

P，Qが同じ頂点にないとMはこの位置には存在しません。

P
M　Q

しかし、これではP，Qが距離 a を保ちながら移動する条件を満たせないので不適です。

次に、P，Q，Rを次図のようにとり、直角二等辺三角形を作ります。直角二等辺三角形の辺の比は $1:1:\sqrt{2}$ ですから、PQ$=a$ より、

$$RQ:PQ=1:\sqrt{2}$$
$$RQ=\frac{1}{\sqrt{2}}a$$
$$=\frac{\sqrt{2}}{2}a$$

有理化しました。

$$\frac{1}{\sqrt{2}}\times\frac{\sqrt{2}}{\sqrt{2}}$$

となります。

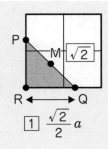

P
M　$\boxed{\sqrt{2}}$
R　←→　Q
$\boxed{1}$　$\frac{\sqrt{2}}{2}a$

上図のMの位置より、軌跡がない肢1はもちろん、位置が合わない肢4，5も不適です。

したがって、正解は肢3となります。

正解 3

例題の考え方を 類題 **にも使ってみよう！**

　次の図のように、重心Oを中心として矢印の方向に等速度で1分間に1回転している正三角形がある。今、正三角形の重心Oを通る直線AB上を、点Pが位置Aから位置Bまで1分間かけて等速度で進むとき、点Pが描く軌跡はどれか。

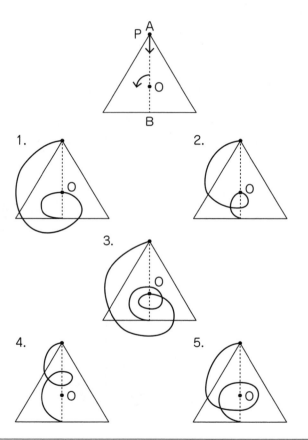

消去法で検討します。

まず、肢4，5の軌跡が点Oを通過していないことに注目してください。この軌跡は線分ABが点Oを中心に回転するので、AB上を動く点Pは必ず点Oを通過します。

したがって、肢4，5は不適です。

次に、正三角形が10秒ごと（60°ごと）に回転する点Pの様子を見ていきます。点PはAB上を $\frac{1}{6}$ ずつ進んでいきます。

ここで20秒後の点 P_2 の位置および進む向き、及び30秒後の点 P_3 の位置に注目してください。軌跡は肢1，3のように下まで行っていないことがわかります。

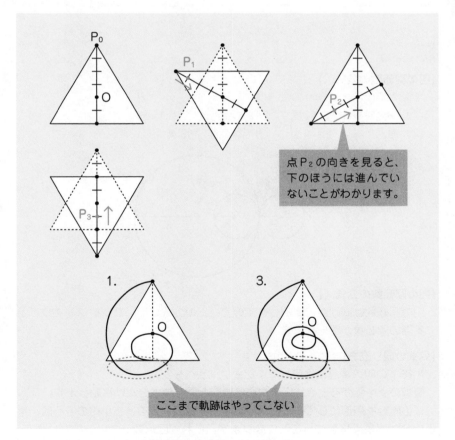

点 P_2 の向きを見ると、下のほうには進んでいないことがわかります。

ここまで軌跡はやってこない

したがって、消去法により正解は肢2となります。

正解 2

47 円の回転①

重要度
★ ★ ★ ★ ★

このセクションでは円が円の周りを周回するときの回転数に関する問題を紹介します。これには公式があり、知ってさえいれば解ける問題が多数ですので頻度に関わらず必ず覚えて解けるようになりましょう。

このセクションの Goal

・円の回転数の公式を扱えるようになる。

基礎知識

【円の回転数の公式①】

半径 1 の小円が半径mの大円の、
（1）外周りを 1 周する間に、小円は m + 1 回転する。
（2）内回りを 1 周する間に、小円は m − 1 回転する。

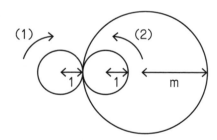

【円の回転数の公式②】

円の回転数は周回数に比例しますので、上の公式に周回数を掛け算することで実際の回転数が得られます。

【公式の成り立ち】

半径 1 の円の中心に注目してください（次ページ）。

直線の上を転がるとき、円の中心は直線と同じ長さ分だけ移動します。

この直線を円形にしてその外周りに小円を回転させると、小円の中心は、半径の分だけ長く移動することになります。これが回転数 +1 につながります。内側の場合は逆に −1 になります。

直線の長さ＝円周の長さとします。

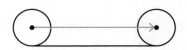 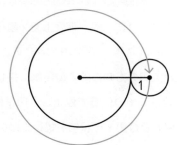

中心の長さは、
直線と同じ長さになる。

中心の長さは、
小円の半径の分だけ長くなる

　下図のように、同一平面上で、直径4Rの円Zに、半分が着色された直径R の円X及び直径 $\frac{3}{2}$ Rの円Yが、アの位置で接している。円X及び円Yが、それぞれ矢印の方向に円Zの円周に接しながら滑ることなく回転し、円Xは円Z を半周してイの位置で停止し、円Yは円Zを $\frac{3}{4}$ 周してウの位置で停止したとき、円X及び円Yの状態を描いた図の組合せとして、正しいのはどれか。

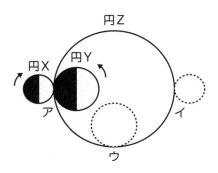

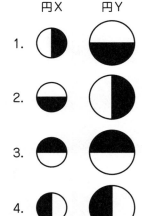

STEP1 円Xを調べる

　円Xと円Zの半径の比はX：Z＝1：4です。公式より、XがZの外回りを1周する間に4＋1＝5（回転）します。実際にXは$\frac{1}{2}$周していますので、5×$\frac{1}{2}$＝2$\frac{1}{2}$（回転）していることになります。したがって、Xは図のような状態になります。

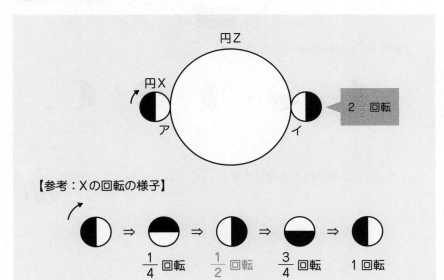

【参考：Xの回転の様子】

STEP2 円Yを調べる

　円Yと円Zの半径の比はY：Z＝$\frac{3}{2}$：4＝1：$\frac{8}{3}$です。公式よりYはZの内回りを1周する間に$\frac{8}{3}$－1＝$\frac{5}{3}$（回転）します。実際には$\frac{3}{4}$周ですから、$\frac{5}{3}$×$\frac{3}{4}$＝1$\frac{1}{4}$（回転）します。したがって、Yは図のような状態になります。

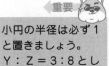

重要

小円の半径は必ず1と置きましょう。Y：Z＝3：8としてはダメですよ。

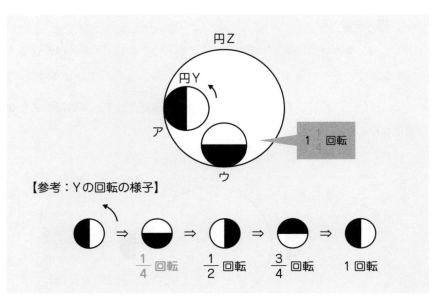

【参考：Yの回転の様子】

したがって、正解は肢1となります。

正解 1

例題の考え方を類題にも使ってみよう！

　半径比が 1：2：4 の円 A，B，C が互いに下図のように接していて、円 A には模様がついている。この状態から、円 A は円 B の内側を、円 B は円 C の外側をそれぞれ滑ることなく矢印の向きに同じ速さで転がっていく。円 B が点線の位置まで転がったときの円 A の模様はどのようになるか。

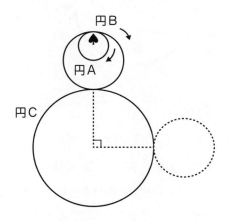

STEP1　B が $\frac{1}{4}$ 周するまでの様子を調べよう

　B と C の半径の比は 1：2 です。公式より、B が C の外回りを 1 周する間に 2 ＋ 1 ＝ 3（回転）します。実際は $\frac{1}{4}$ 周ですから、$3 \times \frac{1}{4} = \frac{3}{4}$（回転）します。ここまでの B の様子を図示します。なお、A は動かさずそのままにしておきます。

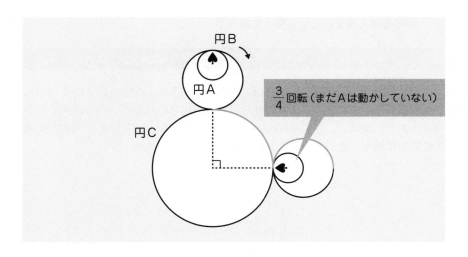

円B

円A

円C

$\frac{3}{4}$回転（まだAは動かしていない）

円Aを動かしてみよう

　上図より、Cの円周の$\frac{1}{4}$はBの円周の$\frac{1}{2}$と等しいので、「同じ速さで転がっていく」より、AはBの内側を$\frac{1}{2}$周したことになります。AとBの半径の比は1：2ですから、公式よりAがBの内回りを1周する間に2－1＝1（回転）します。実際は$\frac{1}{2}$周ですから$\frac{1}{2}$回転したことになります。

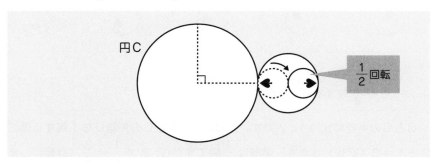

円C

$\frac{1}{2}$回転

　したがって、正解は肢3となります。

正解 3

48 円の回転②

重要度
★ ★ ★ ★ ★

同じ大きさの円がいくつか配置されており、その円の周りを同じ大きさ
の円が周回する問題を紹介します。解法がワンパターンですので覚えて
しまえば得点源になります。

このセクションのGoal

・同じ大きさの円の周りを回転する問題の解法をマスターする。

基礎知識

【同じ大きさの円の周りを周回する問題の解法】

前提：同じ大きさの円の外周りを1周する間に、円は2回転する。

手順①隣り合う円の中心を結ぶ（回転する円の途中の様子も描き、その円の中
　　心も結ぶ）

手順②正三角形を作り角度を求める。

手順③角度から周回数を求める。

例題 48

地方上級 2023　難易度▶ ★ ★ ★

　図Ⅰのように、固定した円（色が塗られた円）の外周に沿って、三角形が描
かれた同じ大きさの円を、滑らないように矢印の方向に90°回転させたとき、
三角形の向きは破線のようになった。いま、図Ⅱのように、同じ大きさの二つ
の円を並べて固定し、その外周に沿って、三角形が描かれた同じ大きさの円を、
二つの円と接する位置から三つの円の中心が一直線に並ぶ位置まで、滑らない
ように矢印の方向に回転させたとき、三角形の向きとして妥当なのはどれか。

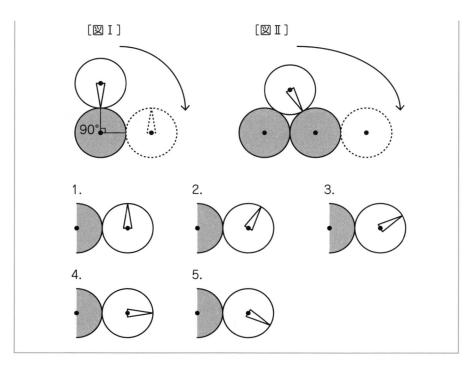

　図Ⅱにおいて、次のように隣り合う円の中心を結びます。すると正三角形ができます。正三角形の内角は 60° であることを利用すると、円の周回数は $\frac{120°}{360°} = \frac{1}{3}$（周）とわかります。

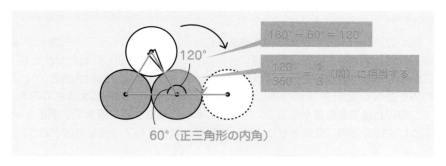

　同じ大きさの円（半径の比 1：1）を 1 周する間に円は 1 ＋ 1 ＝ 2（回転）しますから 2 回転/周 × $\frac{1}{3}$ 周 ＝ $\frac{2}{3}$（回転）となります。

$\frac{2}{3} = \frac{240°}{360°}$ より、240° 回転させます。

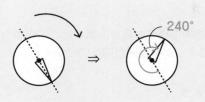

これと合致する向きは肢 2 です。

| 正解 2 |

 例題の考え方を類題にも使ってみよう！

| 類題 | 国家総合職教養区分 2014 | 難易度▶ ★ ★ ★ |

図のように、半径が等しい三つの円A，B，Cが外接しており、AはB及びCの外側を時計回りに滑ることなく回転して移動する。このとき、Aは再び同じ位置に戻ってくるまでに何回転するか。

ただし、B及びCは固定されており、移動も回転もしないものとする。

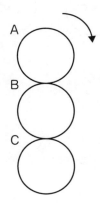

1. 2 回転　　2. $\dfrac{8}{3}$ 回転　　3. $\dfrac{10}{3}$ 回転　　4. 4 回転　　5. $\dfrac{14}{3}$ 回転

図Ⅰのように A の途中の様子を描き、隣り合う円の中心を結びます。円の中心を A，B，C とすると、半径が同じ円なので△ABC は正三角形になります。

正三角形の内角は 60° ですから、図Ⅱのように A_1 から A_2 まで 180° − 60° = 120° 移動しています。これは $\dfrac{120°}{360°} = \dfrac{1}{3}$ （周）移動したことを意味します。

同様に A_2 から A_3 まで 240°$\left(\dfrac{240°}{360°} = \dfrac{2}{3}\right.$ 周$\left.\right)$、A_3 から A_1 まで 120° $\left(\dfrac{120°}{360°} = \dfrac{1}{3}\right.$ 周$\left.\right)$ 移動していますので、全部で $\dfrac{1}{3} + \dfrac{2}{3} + \dfrac{1}{3} = \dfrac{4}{3}$ （周）していることがわかります。

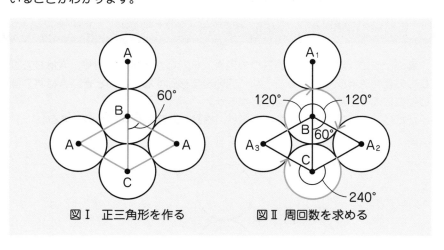

図Ⅰ　正三角形を作る　　　　図Ⅱ　周回数を求める

1 周するのであれば 2 回転しますが、実際は $\dfrac{4}{3}$ 周しているので $2 \times \dfrac{4}{3} = \dfrac{8}{3}$ （回転）となります。

したがって、正解は肢 2 となります。

正解 2

第17章

その他平面図形

ポイント講義は
こちら

49 折り紙

重要度
★ ★ ★ ★ ★

折り紙の問題は折れ線を軸に対称な模様ができる性質を利用して解くことになります。イメージに頼らず機械的に解きましょう。

このセクションの Goal

・折れ線を軸に対称な模様を描くことができるようになる。

例題 49

特別区 I 類 2023　難易度▶ ★ ★ ★

次の図のように、正方形の紙を点線に従って矢印の方向に谷折りをし、できあがった三角形の斜線部を切り落として、残った紙を元のように広げたときにできる図形はどれか。

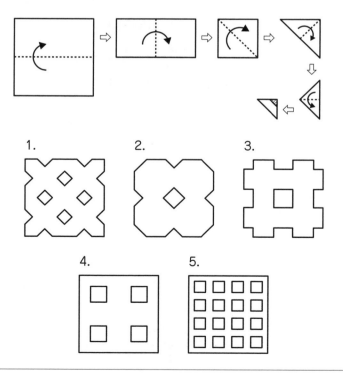

折った順と逆に紙を開いていきます。切込みは折れ線を軸に対称に広がります。

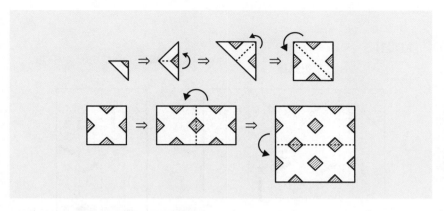

以上より、正解は肢1となります。

正解 1

 例題の考え方を類題にも使ってみよう！

類題　　　　　　　　　　　　　　　　東京都Ｉ類Ｂ 2023　　難易度▶ ★ ★ ★

　　正方形の紙を続けて5回折ってから元のように開いたところ、下の図の点線のような折り目ができたとき、4回目に折った際にできた折り目はどれか。

1. ア
2. イ
3. ウ
4. エ
5. オ

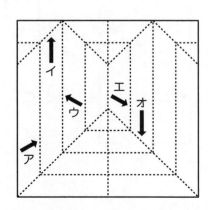

折れ線の模様は、折れ線を軸に対称にできます。真ん中の線を軸として見ると、折れ線は左右対称になっているので、1回目はこの線で折ったことがわかります。

【1回目】

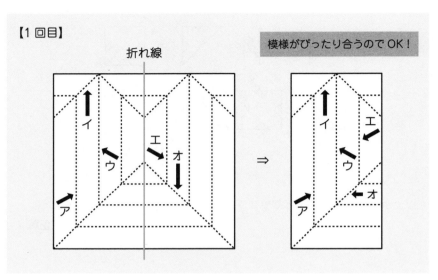

　ア〜オのいずれかの折れ線のうち、模様が対称になっているのはイかオです。ここで、オで折り曲げてみます（【補足】参照）。

【2回目（オで折った）】

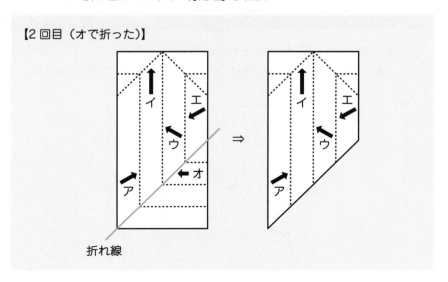

3回目はウで折ります。

【3回目（ウで折った）】

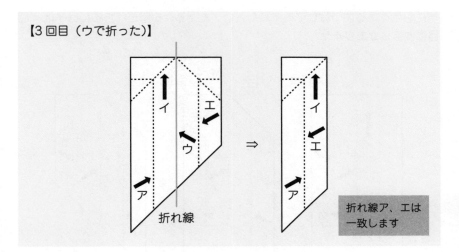

折れ線ア、エは
一致します

4回目はイ、5回目にア（エ）で折ります。

【4回目（イで折った）】

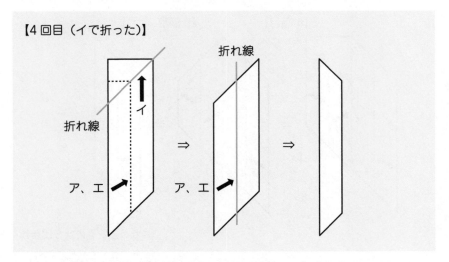

　これで問題文の5回折る条件を満たし、なおかつ全ての折れ線を余すことなく折ることができました。

　4回目に折ったのはイですので正解は肢2となります。

正解 2

【補足】

　なお、「5回折る」を気にしなければ他にも折り方は色々あります（特にイを折るタイミングは4回目だけでなく色々考えられます）。一例を示しますが、

他にも色々あるので試してみてください。ただし、5回だけ折るにはイは4回目にするしかありません。

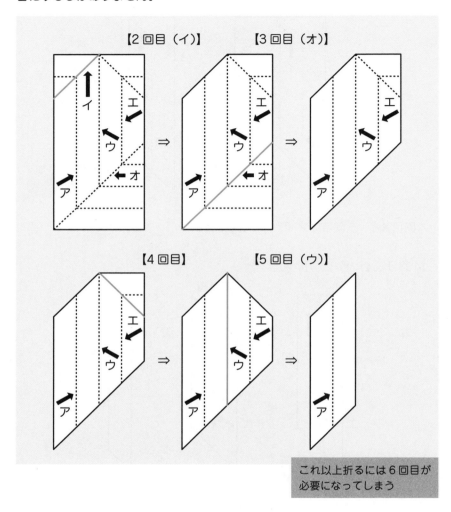

【2回目（イ）】　【3回目（オ）】

⇒　⇒

【4回目】　【5回目（ウ）】

⇒　⇒

これ以上折るには6回目が必要になってしまう

50 パズル①

重要度
★★★★★

パズルの問題は絶対的な解法はなく、試行錯誤して自力で当てはめていくことになります。解説を信用しすぎず自分なりに当てはめてみてください。

このセクションのGoal

・パズルの問題を、試行錯誤しながら自力で当てはめることができるようになる。

例題 50

国家一般職 2021   難易度▶ ★ ★ ★

次のA〜Dのうち、右の図形を五つ隙間なく並べることによって作ることができるもののみを挙げているのはどれか。

1. A，B
2. A，C
3. B，C
4. B，D
5. C，D

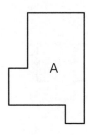

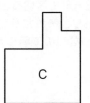

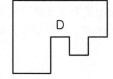

一番簡単なＣから検討します。

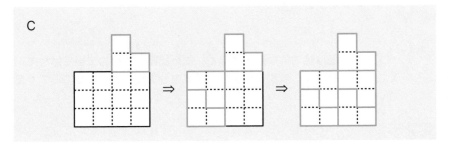

以上より、Ｃは作ることができます。次にＢを検討します。

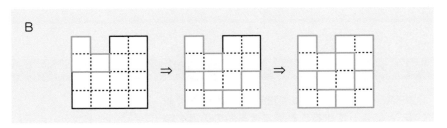

Ｂも作ることができます。
以上より、Ｂ，Ｃを選んでいる肢３が正解となります。
Ｄについては、途中で不可能なことがわかります。

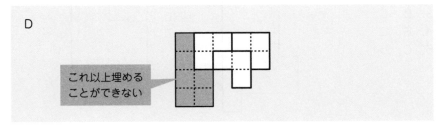

　また、Ａについては図形を小さい正方形で区切ると18個に分かれます。小さい図形は小正方形３個分でできており、それが５つですから小正方形は15個分となります。したがって数が合わないので明らかに作ることができません。

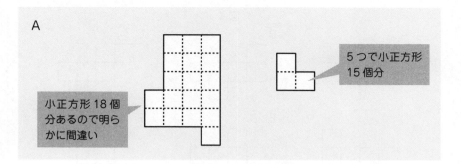

A

小正方形 18 個分あるので明らかに間違い

5 つで小正方形 15 個分

正解 3

 例題の考え方を類題にも使ってみよう！

類題	国家総合職教養区分 2019　難易度 ▶ ★ ★ ★

　図Ⅰのような、表面と裏面の模様が同一である方眼紙がある。この方眼紙を図Ⅰの太線に沿って切り抜いて、図Ⅱのような紙を作った。さらに、図Ⅱの灰色部分以外の全ての部分を、いずれも立方体の展開図となるように方眼紙の線に沿って切り分けたところ、図ⅢのA〜Fの六つの紙片となった。このとき、ア、イのマスが含まれる紙片の組合せとして最も妥当なのはどれか。

　ただし、紙片は回転させたり裏返したりしてもよいものとする。

図Ⅰ

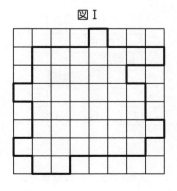

図Ⅱ

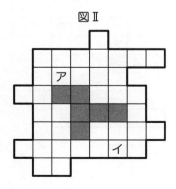

図Ⅲ

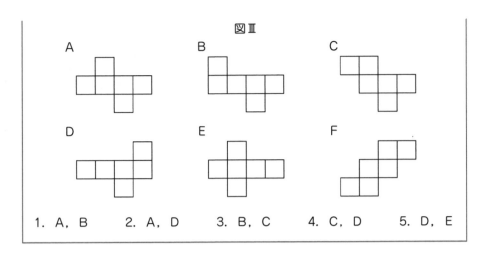

1. A, B　　　2. A, D　　　3. B, C　　　4. C, D　　　5. D, E

　解説の手順は一例です。これ以外にも手順はあります。失敗してもいいので試行錯誤しながら当てはめてみてください。

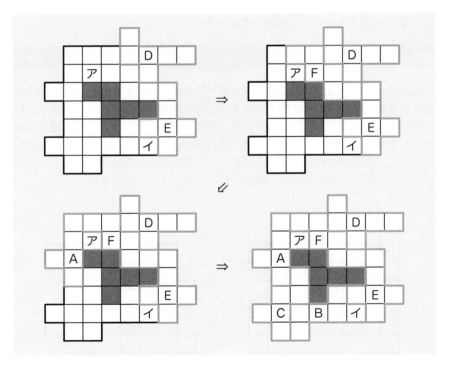

　アはAに含まれ、イはBに含まれますので、正解は肢1となります。

セクション 51 パズル②

重要度
★ ★ ★ ★ ★

試行錯誤しながら自力で当てはめていくのがパズルの基本解法ですが、中には紙片の数や面積に着目するだけで簡単に解ける問題もあります。頻度は決して高くないのが残念なところですが、本当に簡単に解けるので、パズルの問題を見たらまずは今回紹介する解法を狙ってみるクセをつけましょう。

このセクションの Goal

・紙片の数や面積に着目してパズルの問題を解けるようになる。

第**17**章

その他平面図形

例題 51

東京消防庁 2011　難易度▶ ★ ★ ★

次の図は、ある大きさの正方形を切断したときに作られた図形 6 個のうちの 5 個である。ここに欠けているもう 1 個の図形として、最も妥当なのはどれか。

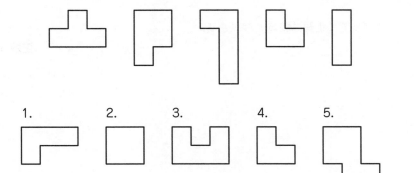

5 つの図形を小さい正方形に分割してその数を数えます。

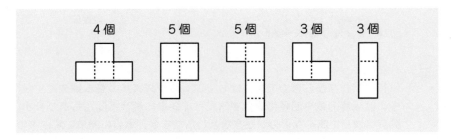

合計 20 個の小正方形があります。

　紙片を合わせて正方形を作るとき、小さい正方形の数は 1，4，9，16，25，36…と平方数になります。元の正方形が小さい正方形 25 個分だと考えると、足りないのは 25 − 20 ＝ 5（個）になります。

　選択肢の中で小正方形が 5 個なのは肢 3 だけです。

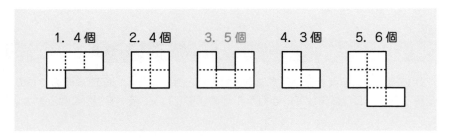

したがって、正解は肢 3 となります。

正解 3

例題の考え方を**類題**にも使ってみよう！

　図のように、四隅にピースを配置した長方形
のジグソーパズルがある。残りの 8 か所に、下
記ア～キの 7 種類のピースのうちの 1 種類を 2
個、残りの 6 種類を 1 個ずつ配置してパズルを
完成させた。このとき、2 個使ったピースは次
のうちどれか。

　なお、ピースを裏返して使うことはできない
ものとする。

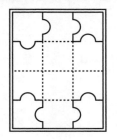

ア　　　　イ　　　　ウ　　　　エ　　　　オ　　　　カ　　　　キ

1. ウ　　　2. エ　　　3. オ　　　4. カ　　　5. キ

　ピースの凹凸に注目します。ピースの出っ張りを「凸」、へこみを「凹」と
します。パズルが完成するということは、凸と凹の数は等しいはずです。

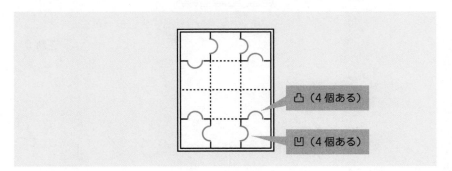

凸（4 個ある）

凹（4 個ある）

　既に配置してある四隅のピースの凸と凹の数を数えると、（凸，凹）＝（4，4）
で同じ数なので、問題文のようにア～キのうち 6 種類を 1 枚、1 種類を 2 枚使
用したとき、凸と凹の数は等しくなるはずです。

　ここで、ア～キの凸と凹の数は以下の通りです。

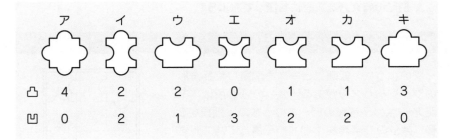

	ア	イ	ウ	エ	オ	カ	キ
凸	4	2	2	0	1	1	3
凹	0	2	1	3	2	2	0

　合計すると、（凸, 凹）＝（13, 10）あり、凹が3個足りません。ここで
（凸, 凹）＝（0, 3）のエを2枚使ってあげれば（凸, 凹）＝（13, 13）で等
しくなります。

　したがって、正解は肢2となります。

　ちなみに実際に当てはめると次のようになります。

正解 2

第18章

その他立体図形

セクション52　積み木
セクション53　回転体

ポイント講義は
こちら

52 積み木

重要度
★ ★ ★ ★ ★

小立方体を積み上げて作った大きな立体を題材にした問題を紹介します。大きな立体に穴をあけたり、切断したりと出題パターンはいくつかあるのですが、近年出題頻度が低いので「穴をあけるパターン」のみ紹介します。

このセクションのGoal

・積み木をスライスして内部の様子を調べることができるようになる。

例題 52　　　　　東京都Ⅰ類B（新方式）2022　難易度▶ ★ ☆ ☆

　下の図のように、同じ大きさの小立方体 27 個を組み合わせた大立方体に八つの丸印をつけ、八つの丸印から大立方体の反対側の面まで垂直に穴をあけたとき、穴があいた小立方体の個数として、正しいのはどれか。

1. 16 個
2. 17 個
3. 18 個
4. 19 個
5. 20 個

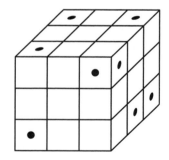

　上段、中段、下段とスライスして、穴があいた小立方体を調べていきます。
　まず、上面からあけた 3 か所の穴は、下まで垂直に貫通しますから、次のようになります。

【上面からあけた様子】（正面、側面からはまだあけていません）

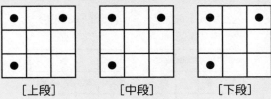

[上段]　　　　　　[中段]　　　　　　[下段]

さらに正面、側面からあけた様子を追加します。

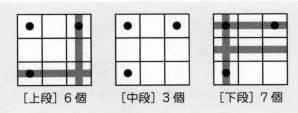

[上段] 6 個　　　　[中段] 3 個　　　　[下段] 7 個

合計で 6 ＋ 3 ＋ 7 ＝ 16（個）穴があいています。
したがって、正解は肢 1 となります。

正解 1

 例題の考え方を類題にも使ってみよう！

類題　　　　　　　　　　　　裁判所職員（高卒程度）2020　　難易度▶ ★ ★ ★

　小立方体を積み上げて 4 × 4 × 4 の立方体を作った。図のように、3 つの
面の黒点を打ったところからその面に垂直に穴を貫通させたとき、穴のあいて
いない小立方体は何個あるか。

1. 23 個
2. 24 個
3. 25 個
4. 26 個
5. 27 個

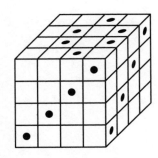

各段をスライスして、内部の様子を調べます。

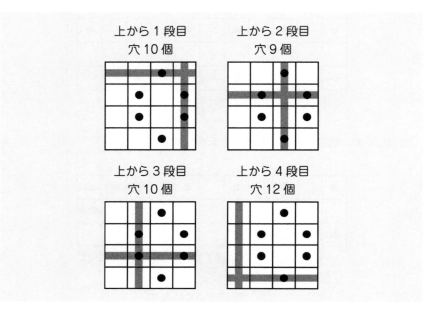

　穴があいている小立方体は全部で 10 ＋ 9 ＋ 10 ＋ 12 ＝ 41（個）あります。小立方体は全部で 64 個ありますから、穴があいていない小立方体は 64 － 41 ＝ 23（個）あります。

　したがって、正解は肢 1 となります。

正解 1

近年、回転体の出題頻度が少しではありますが増えています。基本事項程度は押さえておきましょう。

このセクションのGoal

・軸を回転させて円錐、円柱が描けるようになる。

例題 53

国家一般職 2023 難易度▶ ★ ★ ★

図のような立方体ABCD－EFGHがあり、点Xと点Yは、それぞれ辺ABと辺ADの中点である。この立方体を平面XYHFで切断してできた、頂点Aを含む立体について、辺AEを軸として一回転させるとき、できる回転体の形状として最も妥当なのはどれか。

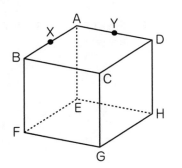

1.

2.

3.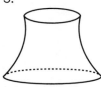

4.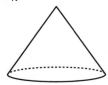

5.

「立方体を平面ＸＹＨＦで切断してできた、頂点Ａを含む立体」は次の通りです。

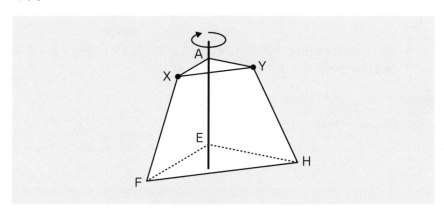

この立体を、ＡＥを軸にして回転させます。底面はＥから最も離れたＦ（Ｈ）を半径とする円を描きます。また、上面はＡから最も離れたＸ（Ｙ）を半径とする円を描きます。

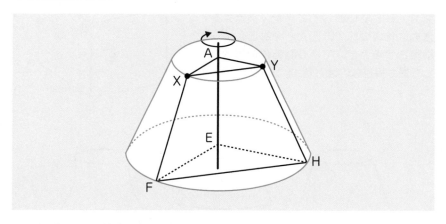

したがって、正解は肢１となります。

正解 1

例題の考え方を類題にも使ってみよう！

　図のような上底の長さが下底の長さの2倍で
ある台形を、上底の中点Ａと下底の頂点Ｂとを結
ぶ直線ＡＢを軸として回転させてできた立体に、
直線ＡＢと垂直な方向から光を当てた。このと
き、光と垂直な平面に映った立体の影の輪郭を表
す図として、妥当なのはどれか。

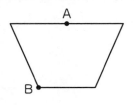

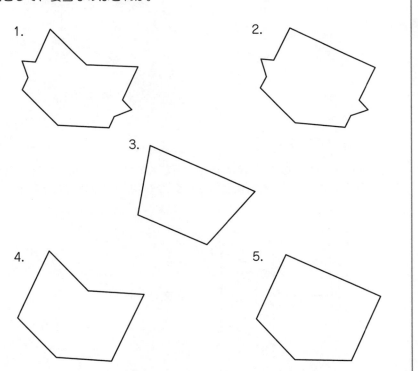

STEP1　問題の台形がどのような形か確認しよう

　「上底の長さが下底の長さの2倍である台形」より、次図ＡＸとＢＹの長さ
は等しいです。したがって、ＡＢを一辺とした次図四角形ＡＢＹＸは平行四辺
形となります。

さらに次図点Ａ，Ｚからそれぞれ垂線を引き直角三角形（グレー部分）を作ります。ＺＡ＝ＡＸより、斜辺が等しく、平行線の同位角より★の角度も等しいので直角三角形の合同条件より２つの三角形は合同です。したがって、点Ａ及びＺから下ろした垂線の長さは等しくなります。

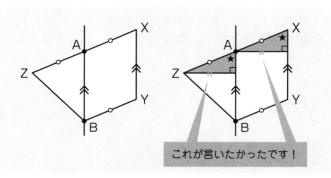

これが言いたかったです！

STEP2　回転体を作ろう

　回転軸ＡＢの左右をＺがある側の図形及びＸＹがある側の図形に分けてそれぞれ回転させます。ＡＢを軸に回転させると次のような立体になります。

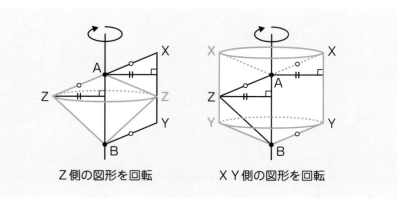

Ｚ側の図形を回転　　　　　ＸＹ側の図形を回転

　２つの回転体を合わせます。

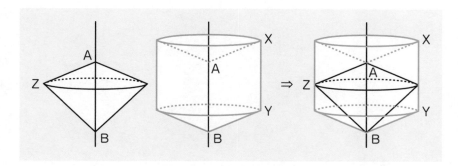

　2つの回転体の半径は同じなので、Z側の回転体はXY側の回転体にすっぽり隠れるようになります。これを光に当ててみると影は次の実線部分のようになります（点線は光に当てても見えません）。

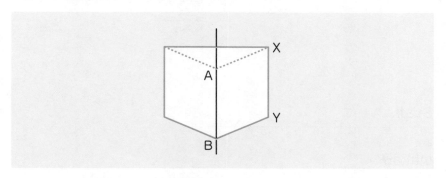

したがって、正解は肢5となります。

正解5

Staff

編集
小山明子

ブックデザイン・カバーデザイン
越郷拓也

イラスト
YAGI

編集アシスト
田中葵　中川有希

エクシア出版の正誤情報は、
こちらに掲載しております。
https://exia-pub.co.jp/
未確認の誤植を発見された場合は、
下記までご一報ください。
info@exia-pub.co.jp
ご協力お願いいたします。

著者プロフィール

柴﨑直孝

2004年より大手予備校にて公務員試験対策の講義（数的処理・自然科学）を担当。受験生目線に立った「誰でも使える解法」と「現実的な戦略」を熱血指導でわかりやすく教え人気を博す。2013年に関東学園大学経済学部専任講師に着任、2018年より准教授。

ここから始める！
柴﨑直孝の「判断推理」合格圏

2024年3月25日　初版第1刷発行

著　者：柴﨑直孝
　　　　©Naotaka Shibasaki 2024 Printed in Japan

発行者：畑中敦子

発行所：株式会社 エクシア出版
　　　　〒101-0054　東京都千代田区神田錦町2-1-5

印刷・製本：モリモト印刷株式会社

ISBN 978-4-910884-16-5　C1030